한국사 속 별별 사이

두 인물이 만나자, 역사가 움직였다! 관계로 보는 역사 수업

유정호 지음

북트리거

목차

들어가며 역사는 사람 사이에서 탄생한다 6

1부

동지에서 적으로, 권력과 갈등의 역사

1 사랑인가 왕위인가 • 고주몽 × 소서노 12

2 어제의 동지, 오늘의 적 • 성왕 × 진흥왕 26

3 의로운 칼날, 비극이 되다 • 목종 × 강조 38

4 스러져 가는 고려를 눈앞에 두고 • 최영 × 이성계 50

5 조선 건국을 이끈 동지에서 숙적으로 • 정도전 × 이방원 62

6 조카에게서 숙부로, 빼앗긴 왕좌 • 단종 × 세조 76

7 뒤틀린 부자 관계 • 흥선대원군 × 고종 90

2부
서로 다른 소신의 충돌, 같은 일을 두고 갈린 선택

8 임진왜란 속 혼란의 바다에서 • 이순신 × 원균 **104**

9 전쟁이냐 항복이냐 • 김상헌 × 최명길 **118**

10 나라를 사랑하는 마음은 같았건만 • 김옥균 × 홍종우 **132**

11 개화냐 척화냐, 그것이 문제로다 • 유길준 × 유인석 **146**

12 옥새를 지키려는 자와 뺏으려는 자 • 순정효황후 × 윤덕영 **158**

13 외교권, 지킬 것인가? 넘길 것인가? • 한규설 × 이완용 **170**

14 같은 시대, 다른 문학 • 김동인 × 이상화 **184**

3부
협력과 합심, 변화를 이끌다

15 조선 후기 최고의 파트너 • 정조 × 정약용 **198**

16 자주적이고 평등한 조선을 꿈꾸다 • 서재필 × 윤치호 **212**

17 펜으로 일제에 맞서 싸우다 • 어니스트 베델 × 양기탁 **226**

18 다르지만 같았던 꿈 • 임병찬 × 박상진 **238**

19 한날한시에 총을 들다 • 전명운 × 장인환 **250**

20 이념을 뛰어넘어 독립을 도모하다 • 김구 × 김원봉 **264**

21 대한민국임시정부의 변화를 꾀하다 • 신채호 × 안창호 **276**

일러두기

본문에 나오는 날짜는 1896년 이전은 음력, 1896년부터는 양력 기준이다.

역사는 사람 사이에서 탄생한다

　학교에서 역사를 가르치는 교사이자, 여러 권의 역사서를 출간한 작가로서, 2023년부터 2024년까지 2년 동안 지학사《중학 독서평설》의 '한국사 속 별별 사이' 코너를 연재했습니다. 긴 시간 동안 글을 연재하면서 독자들에게 어떻게 하면 역사에 관심과 흥미를 불러일으킬 수 있을지 고민했습니다. 그 결과, 시간의 흐름에 따라 서술하는 방식이 아닌, 새로운 방식으로 이야기를 전달해 보기로 마음먹었습니다.

　우선 도입부에 가상 인터뷰를 삽입하여 역사적 사건이 일어난 시대적 상황 혹은 역사적 인물이 서로에게 끼친 영향 등을 간단히 소개했습니다. 두 인물 간의 대화를 통해 앞으로 전개될 역사적 사실을 파악하고 예측할 수 있도록 말이에요. 본문에서는 역사적 인물들과 관련한 사건, 그 영향, 그리고 인물의 일대기 등을 깊이 있게 다루었습니다. 왜 두 인물이 서로 협력하거나 경쟁했는지, 당시의 시대와 상황을 고려하여 독자가 스스로 이해할 수 있도록 했습니다. 그리고 글의 마지막에는 독자들이 역사적 인물과 사건을 자신만의 시각으로 이해하고 바라볼 수 있는 다양한 생각거리를 제시하였습니다.

이런 서술 방식을 선택한 가장 큰 이유는, 역사를 보다 흥미롭게 전달하기 위해서입니다. 제삼자의 관점에서 바라보는 역사는 나와 무관한 이야기로 느껴지는 경우가 많습니다. 그러나 역사적 인물에게 나 자신을 투영하면 달라집니다. 역사적 인물이 어떤 영향을 받고, 문제를 해결하기 위해 수많은 고민 끝에 무슨 선택을 했는지를 자연스레 생각해 보게 됩니다. 이런 과정을 반복하다 보면 역사적 사고력이 길러지고, 나만의 역사관이 형성됩니다. 더 나아가 앞으로 살아갈 방향을 결정하는 데도 많은 도움을 받을 수 있습니다.

역사는 사람들이 만들어 온 결과물입니다. 시대와 상황에 따라 삶의 가치관이나 방식은 달랐지만, 인간이 추구하고 희망하는 본질은 크게 다르지 않습니다. 희로애락(喜怒哀樂), 곧 기뻐하고 노여워하고 슬퍼하고 즐거워하는 인간의 감정은 예나 지금이나 크게 다르지 않으니까요. 이를 바탕으로 우리는 슬퍼하는 사람을 위로하고, 화내는 사람은 다독이며, 사랑하는 사람을 위해 어떤 위험도 감수하고, 좋아하고 즐거운 일을 추구합니다. 또한, 불의를 보면 바로잡으려 하고, 어려움을 극복하려 애쓰며, 때로는 협력자와 함께 나아가지만 때로는 뜻을 방해하는 존재와 부딪히기도 합니다. 그럼에도 불구하고 역사 속에서는 늘 옳은 일을 선택한 사람들이 승리해 왔으며, 그로 인해 더 나은 세상이 만들어졌습니다.

이 책을 통해 삼국시대부터 일제강점기까지, 더 나은 세상을 만들기 위해 치열하게 살아온 수많은 인물을 만나 보길 바랍니다. 그들이 어떻게 고난을 극복했는지를 바라보며, 자신의 삶에 적용할 지혜로움을 익혔으면 좋겠습니다. 덧붙여 이 책이 한국인으로서의 정체성을 확인하고, 자긍심을 갖는 계기가 되었으면 좋겠습니다.

그럼 책을 간단하게 소개해 볼까요?

1부 〈동지에서 적으로, 권력과 갈등의 역사〉는 백성과 나라를 위해 손을 잡고 협력하는 관계였으나, 서로가 나아가고자 하는 방향이 달라 결국 등을 돌리게 되는 역사적 인물과 사건을 다루었습니다.

2부 〈서로 다른 소신의 충돌, 같은 일을 두고 갈라진 선택〉은 나아가고자 하는 바가 처음부터 달라서 함께하지 못하고, 서로를 비난하는 것을 넘어 심지어 상대를 죽이는 등 극단적인 선택으로 치달았던 역사적 인물과 사건을 다루었습니다.

　3부 〈협력과 합심, 변화를 이끌다〉는 초기에는 서로의 처지와 생각이 달랐지만, 대의를 위해 조금씩 양보하며 힘을 합쳐 위기를 극복한 역사적 인물과 사건을 다루었습니다.

　총 마흔두 명의 역사적 인물을 중심으로 다루었지만, 이들과 역사를 함께 만들어 간 사람들까지 합치면 책 속에는 수백 명의 인물이 등장합니다. 책에 등장하는 인물들의 삶을 통해 나의 삶, 그리고 나아가 우리 사회의 방향성을 고민하고, 때로는 경계해야 할 점도 발견하길 바랍니다. 그러나 무엇보다 여러분이 이 책을 재미나게 읽으며 역사와 한층 더 친해지면 좋겠습니다.

2025년 4월

유정호

1부

동지에서 적으로, 권력과 갈등의 역사

1장 ◉ 고주몽 × 소서노

사랑인가
왕위인가

고주몽		출생	고구려 건국
	?	B.C. 58	B.C. 37
소서노	출생 연도 미상		주몽과 혼인

소서노가 우태의 아내로 비류·온조 두 아들을 낳고 과부가 되었다가, 추모왕에게 개가하여 재산을 기울여서 추모왕을 도와 고구려를 세우게 하였다. (중략) 소서노는 추모왕에게 청하여, 많은 금·은·보주를 나누어 가지고 비류·온조 두 아들과 오간·마려 등 열여덟 명을 데리고 낙랑국을 지나서 마한으로 들어갔다.

— 신채호의 『조선상고사』 중에서

고주몽

고구려는 나 혼자의 힘으로 세운 나라가 아니오. 모두 당신 소서노가 있었기에 가능한 일이었소. 그런데 이렇게 갑자기 내 곁을 떠나겠다고 하니 그 연유가 무엇이오? 나는 죽을 때까지 당신에게 받은 은혜를 갚고자 하니 제발 내 곁을 떠나겠다는 말을 거두어 주시오.

소서노

제가 폐하를 미워해서 떠나는 것이 아닙니다. 부여에서 예씨 부인과 유리 태자가 오지 않았습니까. 이제 제 자리를 비워 줄 차례가 되었을 뿐입니다. 비류와 온조가 불안해하는 것도 사실이지만, 유리 태자도 저희가 없어야 안정적으로 나라를 물려받아 고구려를 더욱 부강한 나라로 만들 수 있을 것입니다. 그러니 저희 모자가 가는 길을 막지 말고 응원해 주소서.

예씨 부인과 유리 등장
고주몽 사망

.... **B.C. 19** .... **B.C. 18** .... **B.C. 6** ....

비류와 온조를 데리고 남하   백제 건국   소서노 사망

부여를 계승한 고구려와 백제 ─────

현재 만주의 북쪽 지역인 쑹화강을 중심으로 형성된 고대국가, 부여를 알고 있나요? 수업 시간에 비중 있게 다루지는 않지만, 우리의 역사를 이해하고 한국인으로서의 정체성을 파악하는 데 매우 중요한 역할을 하는 나라입니다. 왜냐하면 고구려와 백제가 갈라져 나온 뿌리가 바로 부여이기 때문이죠.

고구려를 건국한 고주몽의 건국신화는 부여의 건국신화와 매우 닮아 있습니다. 단순히 모티브로 삼는 것을 넘어, 건국시조의 이름이 동일하게 '동명'이라고 전하고 있어요. 또한 고주몽 자신도 부여에서 탈출해 고구려를 건국했다고 밝히며 자신들의 뿌리가 부여라고 강조했습니다. 단, 부여가 하늘의 뜻을 제대로 따르지 못해서 천제의 직계 자손인 자신이 새로운 나라를 세워야 했다고 주장했죠. 이에 반해 백제는 자신들에게서 떨어져 나간 속국으로 여겼습니다.

백제의 입장은 달랐습니다. 백제 사람들은 소서노의 도움이 없었다면 고주몽은 고구려를 건국할 수 없었을 거라 주장했죠. 고주몽과 부부로서의 인연이 끊어지자, 소서노는 자발적으로 부여왕 해부루의 자손인 비류와 온조를 데리고 남쪽으로 가 백제를 세웠다고 전해집니다.

이처럼 백제는 스스로가 고구려의 속국이 아니라 고구려와 대등한 관계라고 생각했고, 더 나아가 백제야말로 정통성을 가진 진정한 부여의 계승국이라 주장했어요. 백제의 주장을 뒷받침하는 근거로 26대 왕인 성왕이 웅진에서 사비성으로, 오늘날 충청남도 공주에서 부여로 수도를 옮기면서 나라 이름을 남부여로 바꾼 일이 있어요. 이것은 곧 '백제가 부여의 정통성을 계승한 유일한 국가'라는 점을 대내외에 알린 것이었어요.

고구려와 백제는 부부로서 연을 맺었던 고주몽과 소서노의 후손들이 다스린 나라인데, 왜 600년이 넘도록 싸우며 경쟁했을까

한국사 속 별별 국가

부여

B.C.2세기경부터 494년까지 쑹화강 유역에 있었던 고대 연맹국가예요. 연맹 국가란 각 부족이 대등한 관계를 유지하면서 나라를 운영하는 형태로, 부여는 왕과 가축의 이름을 붙인 마가·우가·저가·구가 등의 사가(四加)가 한 도씩 사출도로 구성되어 있었어요. 부여는 넓은 평야 지대에 있었지만, 추운 날씨로 농사와 목축을 함께 하는 반농반목 생활을 했어요. 그 덕분에 말과 주옥(구슬과 옥) 등이 유명했어요. 12월에는 영고라는 제사를 통해 하늘의 자손임을 대내외에 알렸고, 소의 발굽으로 점을 봤다고 해요. 형이 죽으면 형수를 아내로 맞이하는 형사취수제라는 독특한 풍습과 함께 흰옷을 즐겨 입었다고 합니다.

요? 이를 알기 위해 고구려를 세운 고주몽과 그의 아내이면서 백제를 세운 온조의 어머니 소서노를 만나러 가 볼까요?

위기에 처한 고주몽, 부여를 탈출하다 ————

고주몽이 고구려를 세우기 전, 광활한 만주 벌판의 주인은 해부루가 다스리는 부여였어요. 해부루는 늙도록 왕위를 물려줄 아들을 낳지 못해서, 아들을 얻게 해 달라고 기도하며 산천을 떠돌았어요. 그러던 어느 날, 해부루는 곤연(鯤淵) 부근의 큰 돌 앞에서 금빛 개구리 모양을 한 아이를 발견해요. 하늘이 자신에게 내려 준 아들이라 생각한 해부루는 아이에게 금빛 개구리라는 뜻을 가진 '금와(金蛙)'라는 이름을 지어 태자로 삼았어요.

그렇게 근심 없이 지내던 해부루에게 어느 날 재상 아란불이 조심스럽게 찾아와서는 아주 어렵게 이야기를 꺼내요. "전하, 꿈에 천제가 나타나 말씀하시길 '이곳은 나의 자손에게 맡길 것이니, 너희는 동쪽 바닷가 가섭원으로 옮겨 살아라.' 하셨습니다." 해부루는 하늘의 뜻을 거스를 수 없다고 여겨 백성을 이끌고 동쪽으로 나라를 옮기고는 국호를 동부여로 바꾸었어요. 시간이 흘러 해부루가 세상을 떠난 후 금와가 새로운 국왕이 되어 동부여를 다스리게 되었어요.

그러던 어느 날, 금와왕 앞에 한 아름다운 여인이 나타났어요. "저는 물을 다스리는 하백의 딸 유화입니다. 부모님의 뜻을 어기고 해모수와 사귀었다는 이유로 집에서 쫓겨나 갈 곳이 없습니다." 유화의 딱한 사연을 들은 금와왕은 그녀를 궁궐에 머물 수 있도록 허락해 주었습니다.

거리를 떠도느라 지친 유화가 따뜻한 방에서 휴식을 취하려 눕는 순간, 따사로운 햇볕이 창문으로 들어와 유화의 배를 비추었어요. 유화가 자리를 옮길 때마다 햇볕이 따라왔죠. 얼마 지나지 않아 임신한 유화는 열 달 후 출산했는데, 아이가 아닌 커다란 알을 낳았습니다. 모두가 깜짝 놀라 유화가 낳은 알을 마구간과 산에 버렸지만, 그때마다 신기하게도 동물들이 알을 향해 절을 올리고 따뜻하게 품어 주었어요. 이 모습을 본 금와왕은 유화가 낳은 알이 진짜 천제의 자손이 아닐까 두려워하며 다시 그녀에게 돌려주었어요. 그러자 신기하게도 알을 깨고 남자아이가 태어났어요. 이 아이는 태어난 지 한 달 만에 말을 하고, 날아다니는 파리를 활로 맞출 정도로 비범한 능력을 보여 주어 활을 잘 쏘는 아이라는 뜻을 가진 '주몽'이라 불렸어요('추모' 또는 '중해'라고도 합니다).

하지만 금와왕의 장자 대소 등 일곱 왕자에게는 점점 성장하는 주몽이 눈엣가시 같았어요. 주몽의 뛰어난 재주와 지혜가 그들보다 월등했기에, 혹시라도 왕위를 빼앗길까 두려웠죠. 결국 왕자들이 주몽을 죽이려는 계략을 꾸미자, 주몽은 어머니 유화와 아내 예씨 부인을 부여에 남겨 둔 채 급히 도망쳐야 했어요.

소서노를 만나 고구려를 세우다 —————

부여에서 도망치는 고주몽을 따라온 사람은 오이·마리·협보 세 명뿐이었어요. 고주몽은 아무 준비 없이 한 번도 가 본 적 없는 부여 밖 세상이 두려울 만도 할 텐데, 오히려 자신의 나라를 세우겠다는 포부로 희망에 차 있었어요. 하지만 오롯이 젊음과 패기만 있는 고주몽이 할 수 있는 일은 많지 않았어요. 이때 고주몽이 가진 포부를 마음껏 펼칠 수 있도록 지원하고 도와준 인물이 소서노예요.

사학자이자 독립운동가 신채호 선생이 『조선상고사』에서 "조선 역사상 유일한 창업 여대왕일뿐더러, 고구려와 백제 두 나라를 세운 사람"이라고 표현한 소서노는 졸본부여의 다섯 개 부족 가운데 하나인 계루부의 공주였어요. 또는 졸본부여의 유력자인 연타발의 딸이었다고도 해요. 이처럼 소서노의 출신이 정확하지 않은 것은 신화가 가진 특징 중 하나예요. 소서노뿐만이 아니라 고주몽의 이야기도 비슷하면서도 조금씩 기록이 다릅니다. 이는 역사를 신화라는 이야기로 전달하는 과정에서 여러 사람에 의해 내용이 조금씩 변형되거나 축소 및 추가되기 때문이에요. 그렇기에 우리는 꼼꼼하게 사실 여부를 따지기보다는 큰 맥락을 이해하는 것이 중요하답니다.

다시 고주몽과 소서노의 이야기로 돌아가 볼게요. 소서노는 고주몽을 만나기 전 이미 결혼하여 비류와 온조 두 아들을 둔 어머니였는데, 남편을 먼저 하늘로 보내고 홀로 아이들을 키우고 있었어요. 소서노의 첫 번째 남편은 해부루의 서손, 즉 서자의 자손이었던 우태였다고 해요. 그래서 훗날 백제는 북부여 해부루 왕의 정통성이 졸본부여 우태를 거쳐 백제 온조로 이어진다고 주장하죠. 즉, 백제야말로 부여를 계승한 나라임을 밝히며 고구려와 경쟁한답니다.

남편 우태가 세상을 먼저 떠나면서, 소서노는 홀로 두 아이를 돌봐야 했죠. 이때 일곱 살 어린 고주몽이 소서노 앞에 나타난 거예요. 그 순간 소서노는 매우 잘생긴 외모에 출중한 능력을 갖춘 고주몽에게 마음을 빼앗기고 말아, 두 사람은 혼인하게 됩니다.

고주몽은 소서노의 재산으로 뛰어난 무예를 지닌 부분노 등 여러 무사를 자기 사람으로 맞아들이고, 백성들에게 선심을 베풀어 민심을 얻었어요. 그렇게 자신만을 믿고 따르는 관료와 백성이

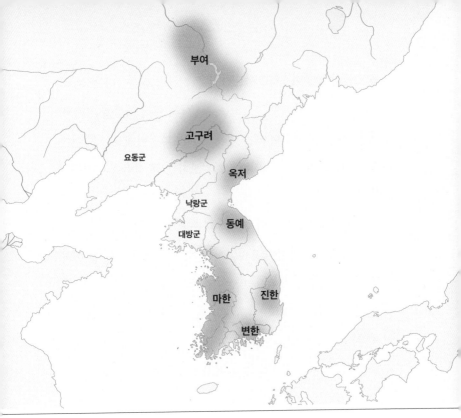

고구려 건국 당시 주변국 지도

늘어나자, 마침내 고구려를 건국해요. 왕으로 즉위한 고주몽은 백성들이 안전하게 살아갈 수 있도록 사방의 위협 세력들을 정벌했어요. 먼저 늘 피해를 주는 인근 말갈족을 공격하여 제압했어요. 그 이후에도 정복 활동은 계속되어서 비류국의 항복을 받아 내고, 태백산 동남쪽 행인국을 정복하고, 북옥저와 동부여의 일부 지역을 차례로 빼앗으며 영토를 크게 확장해요.

소서노, 이별을 고하다 ————

　고구려가 날로 강성해지는 만큼, 고주몽과 소서노의 관계도 더욱 돈독해졌어요. 그런데 호사다마(好事多魔)라는 말이 있죠? 좋은 일이 있으면 반드시 어려움도 따른다는 뜻인데, 고구려 건국 14년째 되던 해, 고주몽이 그토록 그리워하던 어머니 유화부인의 부고를 접하게 돼요. 다행히 동부여 금와왕이 태후의 예를 갖춰 유화부인의 장례를 치르고 신묘를 세워 주었지만, 정작 고주몽은 동부여로 가서 마지막 임종을 지킬 수 없다는 사실에 몹시 괴로워했죠.

　그렇게 5년이 지난 어느 날, 한 젊은이가 고주몽을 찾아왔어요. 이 청년은 고주몽을 보고는 냅다 엎드리고는 자신이 부여에 남겨 놓았던 아들 유리라고 주장하며, 증표로 부러진 칼을 내밀었어요. 주몽이 부여를 떠나기 전, 임신한 예씨 부인에게 "사내아이를 낳으면 일곱 모난 돌 위 소나무 밑에 숨겨 놓은 물건을 찾아 나에게 오라고 전하시오."라며 남긴 그 칼날이었죠. 고주몽은 유리를 끌어안고 한참을 울고는, 이후 부여에 남아 있던 예씨 부인을 데려와 왕후로 삼고, 유리를 태자로 책봉했어요.

　갑작스럽게 왕후의 자리를 넘겨주게 된 소서노는 충격을 받았어요. 무엇보다도 그녀의 아들 비류와 온조가 고구려의 태자가 될 수 없다는 현실을 받아들이기 어려웠죠. 이때 비류와 온조가 소서노를 찾아와 하소연했어요.

"고구려를 세우는 데 가장 큰 공을 세운 분은 어머니십니다. 그런데 이제 어머니는 왕후의 자리에서 밀려났고, 저희 형제는 의지할 곳 없는 처지가 되었습니다. 대왕께서 계실 때도 이런데, 유리가 왕이 된 뒤 저희는 어떻게 되겠습니까? 차라리 대왕이 살아 계실 때 어머니를 모시고 새로운 터전을 찾아 떠나는 것이 낫겠습니다."

한국사 속 별별 인물

신으로 섬겨진 유화부인

산악 지대에서 건국한 고구려는 영토가 넓어지면서 농업 생산에 많은 심혈을 기울였어요. 늘어난 백성을 위해 토지를 개간하고, 농사법도 개량하는 등 많은 노력을 펼쳤어요. 그러나 농사라는 것이 인간의 노력만으로는 좋은 결과를 얻을 수 없기에, 고구려인들은 자연재해로부터 농작물을 지켜 주는 초월적인 존재 또는 신을 찾고서는, 이내 유화를 신으로 받아들여요. 왜냐면 고구려가 농사를 지을 수 있게 된 것이 모두 유화 덕분이라고 여겼거든요. 유화부인이 부여에서 도망치던 고주몽에게 곡식의 씨앗을 전해 주어 농사를 지을 수 있도록 도와주었고, 하백의 딸로서 농사짓는 데 꼭 필요한 물을 다스리는 여신이라 믿었어요. 또한 여성이 아이를 낳아 인구를 늘리는 것처럼 유화가 곡식을 여물게 해 준다고 믿어 땅의 신, 곡식의 신으로도 여겼답니다.

고주몽을 너무도 사랑한 소서노였지만, 아들들의 말을 무시하기도 어려웠어요. 피 한 방울 섞이지 않은 유리가 권력을 공고히 하기 위해 비류와 온조를 가만두지 않을 수도 있으니까요. 깊은 고민 끝에 소서노는 용기를 내어 고주몽을 찾아가 떠나겠다고 말했어요. 고주몽은 간곡히 만류했지만, 이미 결심한 소서노의 뜻을 꺾을 수는 없었어요. 결국 그녀는 고주몽이 준 금은보화와 함께 오간·마려 등 열여덟 명의 신하를 데리고 낙랑국을 지나 마한으로 향했어요.

『삼국사기』에 따르면, 비류는 오늘날 인천 지역인 미추홀에 자리를 잡고, 온조는 소서노와 함께 강 이남의 위례성에 나라를 세웠다고 해요. 비류는 나라를 잘 다스리지 못했고, 반면 온조가 세운 나라는 풍요로웠죠. 자신을 믿고 따라온 백성이 힘들어하는 모습에 죄책감을 느낀 비류는 스스로 생을 마감해요. 이후 온조가 왕을 잃은 비류의 백성들을 받아들이면서 나라를 더욱 강대하게 만들고는, 국호를 백제로 바꾸었어요.

한편 『조선상고사』에서는 소서노가 마한의 왕에게 뇌물을 바쳐 서북쪽 100리 땅, 미추홀과 하남 위례홀 등지를 얻어 백제를 건국했다고 해요. 그녀는 13년 동안 나라를 다스리다 세상을 떠났고, 비류와 온조는 "어머니 없이는 이 땅을 지킬 수 없다"며 새로운 도읍지를 찾기로 해요. 하지만 의견이 갈리면서 비류는 미추

홀로 이동하고, 온조는 하남 위례홀로 가면서 둘은 헤어지게 돼요. 그 뒤 비류가 스스로 생을 마감하고, 온조가 세운 나라는 더욱 발전하여 백제가 된다는 점에서는 두 기록이 일치해요.

고구려와 백제의 건국신화인 고주몽과 소서노의 이야기를 있는 그대로 사실로 받아들이긴 어려워요. 하지만 부여 계통의 유이민이 남쪽으로 내려와 토착민과 결합하여 두 나라를 세웠다는 점은 분명한 사실이에요.

고구려와 백제는 같은 뿌리에서 시작했지만, 각기 다른 나라로

한국사 속 별별 국가

삼한

한반도 중남부 지방에 있었던 정치 집단 마한·변한·진한을 삼한이라고 해요. 마한은 경기·충청·전라도 지역에 54개의 소국으로 이루어져 있으며, 훗날 백제에 대부분 병합됩니다. 변한은 김해와 마산 지역의 12개의 소국으로 철이 유명하여 중국 군현과 일본에 수출했어요. 진한은 대구·경주 지역 12개 소국으로 이루어졌으며, 대부분이 신라로 편입됩니다. 삼한은 벼농사 중심으로 경제활동이 이루어졌으며, 제천행사로 5월과 10월에 열리는 계절제가 있었어요. 또한 정치와 종교가 분리된 제정 분리 사회로 정치 지도자를 신지·읍차, 종교 지도자를 천군이라 불렀어요. 특히 천군이 제사를 지내는 지역인 소도는 범죄자가 들어가도 붙잡지 못하는 특별하고도 신성한 지역으로 여겨졌답니다.

성장하면서 더 이상 예전처럼 가깝게만 지낼 수 없었죠. 백성들의 삶을 더 풍요롭게 하기 위해 전쟁도 불사했고, 그 과정에서 서로에게 큰 상처를 남겼어요. 예를 들어, 고구려는 4세기 백제를 전성기로 이끈 근초고왕에게 고국원왕을 잃으며 큰 타격을 입었고, 반대로 백제는 5세기 이후 한강 유역을 고구려에 빼앗기며 오랜 어려움을 겪었어요.

그럼에도 불구하고 7세기에는 나·당 연합이라는 공통의 위협에 맞서 힘을 합쳐 싸우기도 했죠. 서로 경쟁하면서도 때로는 협력했던 고구려와 백제의 관계가 부부였다가 결국 헤어진 고주몽과 소서노의 이야기와 닮았다는 점이 흥미롭지 않나요?

어제의 동지, 오늘의 적

성왕	즉위, 강력한 왕권을 추진하다.		수도를 웅진에서 사비로 천도하다.	
	523	**534**	**538**	**540**
진흥왕		출생 (삼국사기 참고)		7세에 즉위하여 왕태후의 섭정을 받다.

진흥왕 12년(551년), 왕이 거칠부 등에게 명하여 고구려를 침공하게 하였는데, 승리한 기세를 타서 10군(郡)을 빼앗았다. (중략) 진흥왕 14년(553년), 가을 7월에 백제 동북 변경을 빼앗아 신주(新州)를 설치하고 아찬 무력을 군주(軍主)로 삼았다.

— 김부식의 『삼국사기』 중에서

성왕

고구려에 한성을 빼앗긴 지 76년 만에 되찾았건만, 기쁨이 채 다 가시기도 전에 코흘리개 왕에게 뒤통수를 맞을 줄이야! 나제동맹의 믿음을 이토록 쉽게 저버릴 줄은 몰랐네. 아니, 차라리 잘되었어. 이참에 우리 남부여를 건드리면 어떻게 되는지 똑똑히 보여 주지!

역사에는 영원한 동지도 영원한 적도 없다는 사실을 누구보다 잘 알고 있지 않소? 더불어 백제가 한강 하류를 잘 다스렸다면 이를 탐낼 생각조차 하지 않았을 거요. 내가 사랑하는 신라의 영토와 백성에 피해를 조금이라도 준다면 각오하시오. 신라를 공격한 대가를 톡톡히 치를 각오를 해야 할 것이요!

진흥왕

신라와 연합하여 고구려로부터
한강 유역을 되찾다.

관산성 전투에서
신라와 싸우다 전사하다.

551 ─── 553 ─── 554 ─── 562 ─── 576

백제와 동맹을 맺고
한강 유역의 일부를 점령하다.

백제를 배신하고
한강 하류를 점령하다.

대가야를 멸망시키다.

사망

한강 유역을 탐낸 두 나라 ─────

475년, 백제는 고구려 장수왕의 한성 침략을 막아 내지 못하고 오늘날의 충남 공주에 해당하는 웅진으로 천도합니다. 이후 오랫동안 침체기를 겪지요. 수백 년간 백제의 중심지였던 한강 하류 지역을 빼앗기는 바람에 국가의 위신이 떨어진 건 물론 경제적으로 큰 타격을 입었거든요. 설상가상으로 백제의 지배 계층이 분열돼 나라가 혼란스러워지기도 했고요. 백제가 문제를 해결할 유일한 방법은 한강 유역을 되찾는 것밖에 없었답니다.

신라 또한 한강 유역의 땅이 절실하게 필요했습니다. 신라는 초창기 왕권이 약해서 박·석·김 세 성씨가 돌아가면서 왕을 배출했어요. 4세기 내물왕에 들어서야 김씨의 왕위 세습이 확립되며 중앙집권 국가로 발돋움할 수 있게 됩니다. 이뿐만 아니라 신라는 소로 밭을 갈아 농업 생산성을 올리는 우경의 보급도 다른 나라보다 늦었으며, 백성들을 단결시킬 수 있는 불교도 가장 뒤늦게 받아들였어요. 그 결과 국력이 약해 사사건건 고구려와 백제의 간섭을 받아야 했죠. 두 나라의 영향력에서 벗어나 자주국으로 거듭나기 위해서는 중국의 선진 문물을 직접 수용해야 했는데, 안타깝게도 육로로는 불가능했습니다. 고구려와 백제가 떡하니 버텨 중국으로 가는 길목을 차단하고 있었으니까요. 중국과 직접 교류할 수 있는 단 하나의 방법은 서해로 이어지는 한강 하류 지역을 차지하는 것이었지요.

이처럼 한강 유역을 노리던 백제와 신라는 당장이라도 한강 하류 지역을 두고 맞붙을 것 같았지만 놀랍게도 동맹을 맺으며 힘을 합치는데요, 백제와 신라를 압도하는 강대국 고구려가 남하 정책을 펼치며 두 나라를 위협했기 때문이에요. 실제로 백제와 신라는 433년 맺은 나제동맹을 강화하며 고구려를 무찌를 기회를 호시탐탐 노렸답니다.

성왕, 백제를 개혁하다 ————

웅진으로 도읍을 옮긴 백제는 무령왕과 성왕 대에 이르러 다시금 국력을 회복합니다. 먼저 무령왕은 전국에 22담로라고 불리는 22개의 거점을 세우고, 그곳에 왕족을 파견해 지방의 귀족 세력을 통제했어요. 대외적으로는 중국 남조와 외교 관계를 맺어 선진 문물을 도입했으며, 왜와 손을 잡아 고구려를 견제했지요.

무령왕이 다져 놓은 기틀 아래에서 성왕은 백제를 다방면으로 개혁했습니다. 대표적인 것이 538년에 이루어진 사비 천도예요. 사실 웅진은 적의 침입을 막기에는 유리하지만 한 나라의 수도 역할을 하기에는 무척 협소한 곳이었습니다. 반면에 오늘날의 충남 부여 지역인 사비는 백마강과 산맥이 지역을 둘러싸고 있어 방어에 적합한 동시에 남쪽으로는 농사지을 수 있는 넓은 평야가 펼쳐져 있어요. 백마강을 통해 서해로 나가 중국, 왜와 교역하기에도 편리했고요. 무엇보다 성왕은 사비 천도를 통해 왕권을 위협하던 웅진의 귀족 세력에서 벗어나 다양한 귀족들을 자기 편으로 영입하고자 했답니다. 또한 천도와 함께 국호 또한 백제에서 남부여로 바꾸는데요, 이는 백제가 고구려 이전의 고대국가 부여를 계승함으로써 고구려보다 정통성 있는 국가임을 선포하는 일이었어요.

사비로 천도한 이후에도 성왕은 과감하게 국가 체제를 정비했습니다. 중앙 관청 및 행정조직을 개편해 왕권을 강화하는 한편, 지방 통치 조직을 22담로 체제에서 방군성 체제로 변경했지요. 전국을 5방 37군으로 나누고, 그 아래 200~250개의 성을 두는 방군성 체제 덕분에 백제는 중앙의 목소리를 더 효과적으로 지방까지 전달할 수 있게 됐답니다.

성왕은 외교에도 큰 힘을 쏟았는데요, 일례로 왕으로 즉위한 이듬해인 524년에 중국 양나라로부터 제후국 책봉을 받습니다. 우리나라 왕조가 중국의 제후국이 됐다는 말이 부정적으로 느껴질 수 있어요. 하지만 이는 과거 동아시아의 보편적인 외교 형태로, 중국 왕조의 내정간섭을 받는 속국이 되었다는 의미가 아니랍니다. 성왕이 중국과 밀접한 관계를 맺었음을 대내외에 알리면서 백제의 위상과 자신의 권위를 높이기 위한 수단이었습니다.

진흥왕, 한강 유역을 차지하다 ————

노련한 개혁 군주 성왕이 백제를 중흥시킬 무렵 옆 나라 신라에서는 어린 군주 진흥왕이 나라를 다스리고 있었어요. 어머니 지소 부인의 섭정 아래에서 성장한 진흥왕은 551년 18세의 나이에 본격적으로 나라의 정사를 직접 돌보게 됩니다. 연호를 '개국'으로 고친 후 정복 군주의 모습을 보였지요. 그 시작은 신라가 그토록 염원하던 한강 유역을 차지하면서부터였습니다.

545년 고구려는 권력 다툼으로 안원왕이 피살당하고 양원왕이 즉위하며 혼란에 빠집니다. 진흥왕은 이때가 고구려를 칠 절호의 기회라 판단하여 백제 성왕과의 나제동맹을 강화했어요. 그리고 551년 백제와 연합해 고구려를 공격하기에 이르죠. 진흥왕의 예상대로 내분으로 분열된 고구려 군대는 빠르게 무너졌고, 백제와 신라는 손쉽게 한강 유역을 차지했습니다. 백제는 오늘날의 경기도 및 서울에 해당하는 한강 하류 지역을, 신라는 오늘날 강원도에 해당하는 한강 상류 지역을 점령했지요.

한 가지 문제가 있다면 진흥왕의 눈에 한강 상류 지역이 성에 차지 않는다는 점이었습니다. 강원도는 산이 많고 농경지가 부족해서 국력을 향상하는 데 큰 도움이 되지 못했어요. 반면에 백제가 차지한 한강 하류는 넓은 평야를 끼고 있는 건 물론, 오랫동안 백제와 고구려의 중심지 노릇을 한 만큼 발전돼 있었죠. 무엇보다 중국과 교류할 해상 경로가 절실한 신라로서는 이 지역에 눈이 갈 수밖에 없었어요.

　그런데 때마침 고구려가 신라에 화해를 청해 옵니다. 북쪽의 돌궐과 대립하던 고구려는 남쪽에 위치한 백제 및 신라와의 군사적 충돌을 피하고 싶었거든요. 그러는 한편 백제와 신라가 서로 싸우느라 고구려를 공격할 생각조차 하지 못하도록 계략을 꾸며요. 고구려는 신라가 한강 하류를 공격하더라도 움직이지 않겠다고 약조했고, 진흥왕은 이를 흔쾌히 받아들입니다. 고구려가 개입하지 않는다면, 해 볼 만한 싸움이라고 생각했기 때문이에요.

　긴 시간 고구려의 영토였던 한강 하류 지역에는 백제의 통치에 반발하는 세력이 많았어요. 하지만 백제는 내부 귀족 간의 갈등으로 이를 제대로 통제하지 못하는 실정이었죠. 결국 553년 진흥왕은 백제가 다스리던 한강 하류 지역을 급습해 점령했답니다. 백제와 신라가 힘을 합쳐 한강 유역을 탈환한 지 불과 2년 만에 벌어진 일이었지요.

관산성에서 맞붙은 두 나라 ————

성왕은 갑작스러운 신라군의 침공에 어안이 벙벙했습니다. 그도 그럴 것이 신라와 백제 사이의 나제동맹은 120년 가까이 이어져 왔거든요. 신라가 뒤통수를 칠 것이라고는 전혀 예상하지 못했던 거죠. 분노한 성왕은 554년 태자 여창을 시켜 신라의 전략적 요충지인 관산성을 공격합니다. 평소 신라와 사이가 좋지 않던 대가야˚도 이 틈을 타 백제 편에 서서 군대를 출병시켰지요. 이에 진흥왕 또한 전 병력을 동원해 백제와 대가야 군대에 맞섰고요. 진흥왕의 한강 하류 지역 점령에서 비롯돼 백제와 신라가 정면으로 충돌한 이 전투를 '관산성 전투'라고 해요.

전투 초기의 전세는 백제에 유리했습니다. 여창이 이끄는 백제군은 관산성에 머무르던 신라군을 패배시키고 성을 함락했지요. 하지만 신라의 지원군이 가세하면서 전투는 어느 쪽의 승리를 점칠 수 없을 정도로 치열해집니다. 아들이 전선에서 신라군에 맞서 싸우는 모습을 안타까워하던 성왕은 태자를 북돋고자 직접 병사들을 거느리고 관산성으로 향해요. 그러나 이 일로 관산성 전투의

● **대가야** 삼국시대, 한반도 남부에는 가야라는 연맹국가가 존재했다. 김해의 금관가야, 고령의 대가야, 함안의 아라가야 등 총 여섯 나라가 연합한 형태였다. 이 중 대가야는 5세기 이후의 후기 가야 연맹을 이끈 가야 소국들의 중심이었다.

승패가 결정됩니다. 출정 소식을 입수한 신라군이 관산성으로 향하는 길목이자 오늘날의 충북 옥천 부근으로 추정되는 구천에서 성왕을 급습해 죽이고 말았거든요. 하루아침에 왕을 잃은 백제군은 혼란에 빠져 신라군의 공격에 제대로 대응하지 못했고, 결국 3만 명에 가까운 병사를 잃으며 참패해요. 한 기록에 따르면 신라군은 성왕과 백제에 모욕을 주기 위해 노비에게 포로가 된 성왕을 죽이도록 했다는데, 백제를 호령한 군주치고는 참으로 비참한 최후가 아닐 수 없어요.

떠오르는 신라, 저무는 백제 ──────

관산성 전투에서 승리하고 한강 하류를 차지한 진흥왕은 정복 군주로서 거침없는 행보를 이어 갔습니다. 562년 대가야를 정복한 뒤 가야 연맹이 다스리는 전 지역을 신라의 영토로 삼았지요. 동쪽의 해안선을 따라 북진해 지금의 함경남도 함흥까지 영토를 확장하기도 했습니다. 얼마나 적극적으로 정복 활동을 벌였는지 진흥왕 시절에 신라의 영토는 이전보다 두 배나 넓어졌답니다.

당연히 진흥왕의 자부심도 대단했겠죠? 그는 각지에 순수비를 세워 정복 활동을 기념했어요. 여기서 '순수(巡狩)'는 임금이 나라

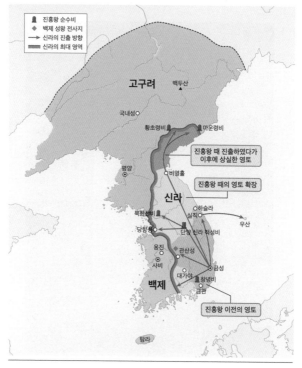

6세기 대외 팽창한 신라의 영토

안을 두루 살피며 돌아다니던 일을 뜻하는데요, 진흥왕은 이를 통해 자신이 직접 나라를 돌아다니며 민심을 살피고 있음을 백성들에게 보여 주었답니다. 참고로 현재는 창녕순수비, 북한산순수비, 마운령순수비, 황초령순수비 등 총 네 개의 순수비가 남아 있어요. 이 외에도 진흥왕은 불교를 진흥시켜 왕권을 강화하고, 화랑도를 정비해 인재를 육성시키며 신라의 전성기를 열었답니다.

진흥왕의 북한산 순행을 기념하여 비봉에 세워졌던
북한산순수비. 현재는 국립중앙박물관에 전시돼 있다.

　이 같은 행보는 연호를 통해서도 잘 확인할 수 있는데요, 앞서
말했듯 551년 한강 유역을 차지할 당시 진흥왕은 '개국(開國)'이
라는 연호를 사용했습니다. 나라를 연다는 뜻으로, 자신이 신라를
변화시킬 것이라는 포부가 담겨 있지요. 568년에는 그는 연호를
크게 번창한다는 의미의 '태창(太昌)'으로 바꿔요. 한강 유역, 가
야, 함경도까지 영토를 확장한 업적에 대한 자부심이 반영된 것이

었죠. 그리고 572년 진흥왕은 크게 구제한다는 뜻의 '홍제(鴻濟)'로 또 한번 연호를 바꿉니다. 잇따른 전쟁으로 고통받은 백성을 어루만지고 돌보겠다는 의지를 표현한 셈이지요. 그러나 그해 큰 아들 동륜이 죽으면서 깊은 상실감을 느낀 진흥왕은 몇 년 지나지 않아 세상을 떠났답니다.

관산성 전투 이후 백제는 끝없는 내리막길을 걷습니다. 신라는 성왕의 머리는 구천에 묻고 몸만 백제에 돌려주었는데, 이에 백제 사람들은 한동안 충격에서 헤어 나오지 못했어요. 554년 성왕의 뒤를 이어 왕위에 오른 여창(위덕왕)이 다시금 신라를 공격하지만 패배했는데, 이 사건은 백제의 시대가 저물고 있음을 단적으로 보여 준답니다. 역사에는 영원한 친구도, 영원한 적도, 그리고 영원한 번영도 없다는 말이 체감되지 않나요?

한국사 속 별별 제도

화랑도

신라시대, 화랑과 그를 따르는 낭도로 구성된 청소년 집단을 말해요. 여기서 화랑이란 '꽃처럼 아름다운 사내'라는 뜻인데, 그 말처럼 문벌과 학식이 있고 외모가 단정하며 어린 귀족들이 화랑의 주축이 되었답니다. 주로 산천을 돌아다니며 함께 수련하고 가무를 즐겼죠. 진흥왕 시절 본격적으로 제도화된 화랑도는 훗날 신라가 삼국을 통일하는 데 필요한 인재를 배출하는 등 중요한 역할을 했답니다.

3장 ● 목종 × 강조

의로운 칼날, 비극이 되다

목종		출생	고려 제6대 왕인 성종 사망 후 즉위
	?	980	997
강조	출생 연도 미상		

강조를 보고 거짓으로 말하기를 "주상의 병이 위독하여 목숨이 경각에 달려 있고, 태후와 김치양은 왕위를 찬탈할 모의를 하고 있습니다. 공이 변방에서 많은 병력을 장악하고 있으니 혹 따르지 않을까 염려하여 왕명을 사칭해 (공을) 부른 것입니다." (중략) 무장한 군사 5,000명을 거느리고 평주에 이르렀으나 왕이 죽지 않았음을 알고 기세가 꺾여 한참 동안 고개를 숙이고 있었다. 여러 장수들이 말하길, "일이 이미 여기까지 왔으니 가히 그칠 수 없습니다." 라고 하니, 강조가 말하기를, "그렇소." 라고 하고 왕을 폐위시킬 뜻을 굳혔다.

—『고려사』 중에서

목종

어머니 천추태후와 김치양의 횡포로 고려가 무너질까 두려워, 자네에게 군대를 끌고 개경에 오라고 한 것이네. 그런데 어찌하여 나에게 칼을 들이밀며 폐위시키겠다고 말하는가? 자네가 지금까지 내게 보여 준 것은 거짓 충심이었단 말인가. 지금이라도 마음을 돌려 주시게.

저의 충심은 예나 지금이나 변함이 없습니다. 폐하의 부름을 받고 급히 달려온 것은 오로지 이 고려를 위한 일이었습니다. 하지만, 여기서 저는 멈출 수 없습니다. 김치양을 비롯하여 유행간 등 고려를 위태롭게 한 간신들을 죽여 이 나라를 바로잡을 것입니다. 그러기 위해 폐하의 계획대로 대량원군을 새로운 국왕으로 받들 것입니다. 이제 그만 왕의 자리에서 내려오십시오.

강조

거란 침입 대비,
서북 지역 방어 강화

1003

폐위된 뒤 사망

1009

군사를 이끌고
개경 입성

1010

제2차 거란의 침입, 거란의 포로가
되었으나 절의를 지키다 처형되다.

혼돈으로 가득한 고려 ─────

태조 왕건이 고려를 건국하고 후삼국시대를 통일한 후에도 나라는 쉽게 안정되지 않았어요. 지방의 호족들이 사병을 거느리며 독자적인 세력을 유지하고 있어서, 중앙정부의 명령이 미치지 않는 곳도 많았죠. 왕건 자신도 호족들의 지지를 받아 왕으로 즉위했던 만큼, 호족들을 경계하며 왕권을 강화하려 했어요. 그러나 왕건이 죽자 고려 왕실은 혼란에 빠지고 말아요. 왕건의 아들 혜종과 정종이 왕위에 올랐지만 호족들의 갈등 속에서 오래 재위하지 못하고 죽었어요.

이런 상황에서 왕건의 아들로 고려 제4대 국왕으로 즉위한 광종이 강력한 개혁을 단행했어요. 그는 과거제를 실시해 왕에게 충성하는 새로운 인재들을 등용했고, 노비안검법을 시행해 호족들의 힘을 약화했어요. 덕분에 한동안 왕권이 강해졌지만, 그의 뒤를 이은 경종이 호족들의 기세를 꺾지 못하면서 다시 예전의 상태로 돌아가 버려요. 더욱이 경종이 일찍 세상을 떠나면서, 자기 아들이 아닌 왕비의 오라버니, 즉 처남인 성종에게 왕위가 넘어가요.

한편, 고려의 북쪽에는 거란족이 세운 요나라가 있었어요. 태조 왕건은 발해를 멸망시키고 동북아시아의 최강자로 떠오른 거

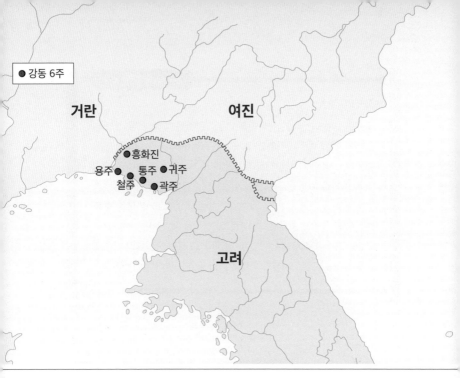

강동 6주

거란

여진

흥화진
용주
철주 통주 귀주
곽주

고려

10세기 말 고려의 국경과 강동 6주의 위치

란을 '짐승과 같은 나라'라며 상종조차 하지 말라는 유언을 남길
정도로 경계했어요. 정종은 30만 명의 광군을 조직하여 만일의
침입에 대비했어요. 다행히 거란이 중국 송나라를 먼저 공격하느
라 고려에 큰 관심을 쏟지 못하면서, 고려와 거란은 아슬아슬한
평화를 유지했어요.

하지만 이 평화는 오래가지 못했어요. 중국 송나라가 고려 성
종에게 연합하여 거란을 공격하자고 제의해 왔고, 거란은 반대로

요(遼)나라

907년 야율아보기가 유목민족이던 거란족을 통합한 뒤, 916년 황제가 되어 세운 나라예요. 중국인을 등용하여 국가 체제를 정비했으며, 거란문자를 창제하여 보급하며 자신들의 정체성을 지키려는 노력을 기울였죠. 926년에는 발해를 멸망시켜 만주 일대를 장악하고, 고려를 크게 세 차례 공격했습니다. 1004년에는 중국 송나라에 침입해 평화조약인 전연의 맹약을 맺고, 은 10만 냥과 비단 20만 필을 세폐로 받았죠. 그러나 11세기 중반부터 국력이 기울다가, 1125년 여진족이 세운 금의 공격을 받아 멸망했어요.

화친을 맺자고 고려를 찾아왔거든요. 성종은 어느 한쪽의 편을 드는 것이 고려 국익에 도움이 되지 않는다고 판단하여, 송과 거란의 요구를 모두 거절했어요.

그러자 거란은 993년 고려가 송나라와 연합할 수 있겠다고 판단하고는, 소손녕이 이끄는 80만 대군으로 고려를 침공했어요. 다행히 고려의 서희가 나서, 소손녕과의 담판을 통해 요나라 군대를 돌려보내는 외교적 대승을 거뒀어요. 심지어 협상을 통해 강동 6주까지 획득하며 고려의 영토를 넓히기까지 했죠. 하지만 서희가 가져온 평화는 매우 위태로웠어요. 거란은 여전히 고려를 위협하며 강동 6주를 되돌려 달라고 요구했거든요.

목종, 고려의 개혁을 꿈꾸다 ─────────

아들이 없던 성종은 왕위를 고려의 5대 왕 경종의 맏아들 개령군(목종)에게 물려주었어요. 목종은 열여덟 살에 즉위했지만, 직접 국정을 이끌지 못했어요. 천추태후로 널리 알려진 어머니 헌애왕후 황보씨가 왕 대신 국가를 다스리는 섭정을 했거든요. 그럼에도 목종은 고려를 강한 나라로 만들기 위해 여러 노력을 했어요. 오늘날의 평양시인 서경의 이름을 호경(鎬京)으로 바꾼 뒤, 여러 차례 행차하며 거란의 침략에 대비하도록 독려했어요. 호경은 고대 중국의 이상 국가로 여겨졌던 서주의 도읍 이름으로, 당시 고려의 수도였던 개경 못지않게 서경을 더욱 발전시키고 강화하면 거란의 침략을 막을 수 있다는 생각이었죠.

목종은 인재를 양성하고 등용하는 일에도 많은 신경을 썼어요. 조상의 관직과 공훈을 기준으로 후손을 관리로 뽑는 제도, 음서제를 개혁했어요. 원래는 특별한 기준 없이 돈과 권력만 있으면 누구나 관리가 될 수 있었는데, 문무관 5품 이상의 아들에게만 음서를 지급하도록 제한했어요. 또한 유학을 장려하고, 뛰어난 학식과 능력을 갖춘 사람을 조정에 천거하도록 했죠. 과거제 역시 응시 이후 몇 개월 뒤에 합격자를 발표하는 관행을 없애고, 열흘 안에 발표하도록 규정을 바꿔요.

문무 관료에게 토지를 지급하는 제도인 전시과도 개정해요. 원래는 관직의 등급과 인품을 기준으로 지급하던 전시과를 관직의 등급만으로 지급하도록 개혁했어요. 지급되는 토지의 양도 줄이고요. 이 개혁을 개정전시과라고 해요. 또한 일반 병사의 가족이 안정적으로 생활할 수 있도록 군인전을 지급하기도 했답니다.

그러나 목종의 개혁은 오래가지 못했어요. 천추태후와 막강한 권력을 가진 신하 김치양의 횡포를 막지 못하는 현실에 좌절하면서 국정 운영에 손을 놓거든요. 그러자 김치양은 자신과 천추태후

전시과의 변천
전시과는 고려시대 전반에 걸쳐 유지된 제도로, 국가의 관료들에게 지위에 따라 조세를 받을 수 있는 땅과 산을 지급해 준 제도를 말해요.
976년 경종 시절 처음 제정되었는데 이를 시정전시과라고 해요. 관품과 인품에 따라 1~18등급으로 구분하고, 전·현직 관리에게 모두 지급했어요. 998년 목종 때 개정된 것을 개정전시과라고 해요. 관품의 등급으로만 지급하고, 전직 관리보다 현직 관리를 더 우대하였어요. 그리고 1076년 문종 때 다시 개정된 경정전시과는 현직 관리에게만 지급하는 동시에 무관 차별을 금지했어요. 이후 공양왕 때 폐지되고 과전법이 시행되기 전까지 유지되며 고려시대 관료들의 기본적 경제 기반 역할을 했답니다.

사이에서 낳은 아들을 고려의 다음 왕으로 만들려는 음모를 꾸미게 돼요.

결국 목종은 어머니 천추태후와 김치양으로부터 받는 스트레스와 더불어 방탕한 생활로 인해 큰 병에 걸리고 말아요. 자리에 눕게 된 목종은 자신이 죽으면 고려가 김치양이 낳은 아들에게 넘어갈 상황이 너무 끔찍했어요. 그것만은 절대 있을 수 없다고 생각한 목종은 사촌 동생이던 대량원군에게 왕위를 물려줄 결심을 하죠.

충신에서 역적이 된 강조 —————

목종이 대량원군을 개경으로 불러들이는 일은 매우 위험한 일이었어요. 만약 천추태후와 김치양이 이 사실을 알게 된다면, 대량원군을 죽이는 것은 물론, 목종마저 제거할 가능성이 높았거든요. 이러한 위기 속에서, 목종은 가장 신뢰하는 서북면 도순검사 강조에게 개경으로 들어와 자신과 대량원군을 호위하라는 명령을 내렸어요.

강조 역시 천추태후와 김치양이 고려를 농단하는 현실을 안타깝게 생각했어요. 하지만 그는 군인이었기에 정치 개입보다는 거란의 침입에 대비하는 것이 우선이라고 생각했죠. 그런 강조에게 목종의 명령은 깊은 고민을 안겨 줬어요. 하지만 결국 강조는 이 것이 단순한 군사적 명령이 아니라 고려의 기강을 바로잡으라는 뜻으로 받아들이고, 서둘러 개경으로 향했어요.

그러나 개경으로 향하던 중 강조는 이상한 소문을 듣게 돼요. 백성들은 하나같이 "천추태후와 김치양이 강조 장군을 제거하려 고 왕명을 위조하여 보냈습니다. 이 길로 되돌아가 의병을 일으켜 나라를 구하셔야 합니다."라고 경고했어요.

강조는 혼란스러웠지만, 왕명을 의심할 수 없었기에 계속 개 경을 향해 나아갔어요. 그런데 개경에 가까워질수록 강조를 향한 감시와 견제가 심해졌어요. 절령(황해도 봉산군)에 이르렀을 때 천 추태후와 김치양이 보낸 관리들이 사람들의 통행을 금지하는 모 습을 보며 강조는 의구심을 품게 돼요. 이때 강조의 아버지는 아 들이 목숨을 잃을까 걱정되어 비밀리에 편지를 보냈어요. 대나무 지팡이 속에 "왕은 이미 죽었고, 간흉들이 마음대로 권세를 부리 니 군사를 이끌고 국란을 평정하라."라고 편지를 적어 보낸 것이 었어요.

이제 더는 머뭇거릴 수 없다고 판단한 강조는 5,000명의 군사 를 이끌고 개경을 향해 진격했어요. 지금 황해도 평산 지역에 해 당하는 평주에 이르렀을 때 목종이 살아 있다는 사실을 알았지만,

군대를 되돌릴 수 없었어요. 여기서 멈춘다면 왕을 향해 칼을 겨눈 역적으로 죽을 것이 자명했거든요. 강조는 자신의 죽음은 두렵지 않았어요. 오히려 두려운 것은 자신을 믿고 있는 부하들의 죽음과 간신배로 인해 무너질 고려였어요. 강조는 고려를 위해서라도 김치양과 천추태후를 반드시 제거해야 한다고 결심했어요.

결국 강조는 개경에 도착하여 대량원군을 새로운 국왕으로 추대하고, 그동안 국정을 문란하게 만든 김치양과 유행간 등 간신들을 죽이거나 유배 보내요. 목종은 자신이 원하던 결과는 아니었지만, 간신들을 내쫓고 대량원군이 현종으로 추대된 것에 만족하며 시골에 내려가 살겠다고 강조에게 말했어요. 그러나 강조는 목종이 살아 있으면 복위 운동이 계속될 것이고, 고려가 혼란에 빠질 것이라고 생각해 목종을 죽여 버렸습니다.

거란에 맞선 강조의 최후 ─────

강조는 정변에 성공하여 간신배들을 처단했어요. 하지만 거란이 고려를 쳐들어올 명분도 제공했죠. 송나라와의 평화협정을 맺고 숨을 돌린 거란이 고려를 굴복시키고자, 강조의 정변을 구실삼아 40만 대군을 이끌고 쳐들어왔거든요.

이에 고려 현종은 강조에게 30만 대군을 맡겨 거란군을 막으라 명했어요. 강조는 현재 평안북도 선천 방면의 통주성에서 강을 사이에 두고 방어선을 구축하며 거란군과 맞섰어요. 초반에는 고려가 개발한 칼을 단 검차가 거란 기병을 효과적으로 저지하며 승리를 거뒀어요. 그러나 연이은 승리에 자만한 강조가 경계를 늦춘 틈을 타 거란군이 기습을 감행해 통주성이 함락당했어요.

포로로 잡힌 강조는 요나라 성종 앞에서도 당당한 모습을 보였어요. 요나라의 신하가 될 것을 요구하자, "나는 고려 사람인데 어찌 너의 신하가 되겠느냐."라며 끝까지 항복하지 않았어요. 결국 강조는 처형되었지만, 그의 충절은 고려군의 사기를 높이는 계기가 되었어요.

거란은 강조의 행세를 하며 흥화진의 양규에게 항복을 권하는 가짜 서신을 보내요. 그러나 고려의 장수 양규는 거란군의 계략에 넘어가지 않고 끝까지 저항했어요. 고려 조정에서는 일부 관리들이 항복을 주장했지만, 강감찬이 현종에게 피난을 권유하며 전열을 재정비했어요. 이후 고려의 하공진이 요나라 성종에게 거란군이 철수하면 현종이 직접 요나라로 건너가 인사를 올리겠다고 거짓으로 약속하며 시간을 번 다음, 전세를 뒤집었어요. 퇴각하는 거란군을 양규와 고려군이 기습하여 큰 타격을 입히면서 결국 거란의 2차 침입은 실패로 끝났어요.

거란의 제2차 침입은 강조의 정변을 계기로 일어났을까요? 강조의 정변이 아니더라도 요나라는 어떤 구실이라도 만들어서 고려를 침략하려 했을 거예요. 고려 입장에서도 요나라 성종이 전쟁을 일으킨 이유가 단순히 강조의 정변 때문만은 아니라고 생각했고요. 오히려 강조의 의로운 죽음은 남아 있는 고려 군대에 용기를 북돋아 주었고, 거란군이 물러갈 명분이 되었다는 점에서 고마운 일이었죠. 또한 강조에 의해 국왕이 된 현종은 이후에도 요나라의 침입을 여러 차례 막아 내면서, 고려 최고의 성군으로 칭송받아요.

이후로도 고려는 지혜와 용기로 여러 위기를 극복해 나가요. 그토록 어려운 상황에서도 고려 국왕을 비롯한 많은 사람들은 어떤 이유로 나라를 지키려고 했을까요. 그리고 이들의 노력을 우리는 어떤 의미로 받아들여야 할까요.

4장 ◉ 최영 × 이성계

스러져 가는
고려를 눈앞에
두고

위화도

개경

좌우군 통도사(이성계와 조민수)가 사람을 보내어 최영에게 가서 속히 군사를 돌릴 수 있게 허락해 달라고 청하였으나, 최영은 생각도 하지 않았다. (중략) 여러 장수들이 모두 말하기를, "우리 동방의 사직의 안위가 공(이성계)의 한 몸에 달려 있으니 감히 명을 따르지 않겠습니까."라고 하였다. 이에 군사를 돌려 압록강을 건넜다.

— 『고려사절요』 중에서

최영

내 누구보다 이성계 자네를 신뢰하고 의지했건만…. 믿는 도끼에 발등 찍힐 줄이야. 전국 각지를 누비며 왜구와 홍건적을 물리친 고려의 명장이 이런 선택을 할 줄은 꿈에도 몰랐네. 요동을 정벌하라고 쥐어 준 군대로 반란을 일으키다니! 내 죽어서도 자네를 용서치 않을 것이야.

이성계

공께는 항상 감사하고 있습니다. 최영 장군께서 쌍성총관부를 수복하지 않으셨다면 저는 고려인으로 이 땅에서 인정받기 힘들었겠지요. 하지만 공(公)은 공이고 사(私)는 사입니다. 공께서 추진한 요동 정벌은 현실적으로 실현하기 힘들 뿐 아니라 나라를 위태롭게 만들 것이 분명했습니다. 고심 끝에 위화도에서 군사를 돌이킨 제 마음을 이해해 주십시오.

위화도회군 단행,
정권을 장악하다.
1338

조선을 건국하고
태조로 즉위하다.
1392

사망
1408

위태로운 고려 —————

　오랜 세월 원나라의 간섭을 받으면서 고려는 예전의 강건한 모습을 잃어 갔어요. 나라 안으로는 고려 후기, 원 간섭기에 형성된 지배 세력인 권문세족이 원나라에 빌붙어 권력을 독차지했습니다. 이들은 농장을 경영하며 부를 늘렸는데, "이 산부터 저 산까지가 권문세족 아무개의 땅입니다."라는 말이 있을 정도로 넓은 토지를 소유했어요. 권력과 부를 이용해 백성들에게서 빼앗은 것들이었죠. 반면에 고려의 민중들은 바늘 하나 꽂을 땅이 없어 굶주리는 생활을 이어 나갔어요.

　나라 밖으로는 왜구와 홍건적의 침략이 계속됐습니다. 왜구는 해안뿐 아니라 한반도 내륙 깊숙이 들어와 약탈을 자행했는데, 개경 근처의 예성강까지 몰려와 피해를 입혀 고려가 수도를 옮길 것을 고려했을 정도였죠. 북쪽에서는 원나라의 지배에 반발하며 일어난 홍건적이 기승을 부렸어요. 머리에 붉은 두건을 쓴 도적이라는 의미의 홍건적은 원나라 군대에 맞서다 불리해지면 고려로 쳐들어와 사람을 해치거나 재물을 강제로 빼앗았답니다.

　나라 안팎으로 어려움이 잇따랐지만 아직 희망을 놓기는 일렀습니다. 원 간섭기에 왕위에 오른 공민왕이 개혁 정치를 펼치며 고려를 다시 일으키고자 했거든요. 변발 같은 몽골의 풍속을 금지

신진 사대부

고려 말에 등장한 정치 세력으로, 지방의 향리나 중소 지주 출신으로 구성돼 있었어요. 공신이나 전·현직 고관의 자제를 과거 없이 관리로 채용하던 '음서'가 아닌 능력을 검증받는 과거제를 통해 중앙 관직에 진출하였으며, 성리학을 중시하고 불교와 권문세족의 부패를 비판하였죠. 신진 사대부는 공민왕의 개혁 정치를 지지하며 고려의 정치, 사회, 경제 전반에 걸친 폐단을 없애고자 노력했답니다.

하고 원의 내정간섭 기구를 없애는 등 강력한 반원 정책을 추진했죠. 권문세족이 불법으로 차지한 토지를 원래 주인에게 돌려주는 건 물론 친원파 권문세족을 숙청하기도 했어요. 이것이 가능했던 것은 정몽주와 정도전 같은 신진 사대부들의 지지와 협조가 있었기에 가능한 일이었어요. 공민왕은 국방력 강화에도 힘을 기울여 최영과 이성계 등 뛰어난 무신들을 적극적으로 등용해 왜구와 홍건적의 침입을 막고자 했죠.

고려의 대들보 최영 ────────

"황금 보기를 돌같이 하라."라는 말로 유명한 최영은 고려에서 알아주는 명문가에서 태어났어요. 태조 왕건이 고려를 건국할 때 힘을 보탠 개국공신 집안으로, 대대로 문신을 배출한 철원 최씨 가문이었죠. 이름만 들어도 다 아는 명문가답게 집안 교육이 엄격히 이루어졌는데, 이를 증명하듯 최영의 아버지 최인직은 "황금 보기를 돌같이 하라."라는 말을 남기고 세상을 떠났답니다. 최영은 아버지의 유언을 가슴에 품고, 평생 이 말에 부끄럽지 않은 사람이 되고자 노력했어요.

최영은 어려서부터 남들보다 덩치가 크고 힘이 셌다고 해요. 이 때문에 문신 집안 출신임에도 불구하고 무신의 길을 걸었지요. 타고난 신체 조건에 더해 전술을 공부하고 무예를 익히는 노력이 더해진 결과 뛰어난 장수로 성장했어요. 오늘날 충청도 지방의 도순문사 휘하 장수로 수많은 왜구를 물리쳤죠. 도순문사는 당시 군사와 민사를 관장하는 지방장관 격 관리를 말해요. 이후 권문세족 조일신이 일으킨 난을 진압하며 중앙 정계에 진출하고, 원나라의 요청에 중국으로 건너가 원 반란 세력을 토벌하면서 고려를 넘어 동아시아의 명장으로 이름을 날렸고요.

뛰어난 무력과 강직한 성품을 갖춘 최영이 공민왕의 눈에 드는 건 어찌 보면 당연했어요. 부정부패가 성행하던 고려 말에 그런 인물은 흔치 않았거든요. 여러 활약을 눈여겨본 공민왕은 최영에게 원나라에 빼앗긴 함경도 일대를 되찾으라는 임무를 내리자,

그는 이를 손쉽게 해결하고 돌아옵니다. 원나라의 기황후°가 공민왕을 실각시키고자 고려에 1만 군대를 보냈을 때도 선봉에 나서서 이들을 격퇴했지요. 그렇게 공민왕의 든든한 오른팔이자 고려 왕실의 수호자로 거듭났어요. 일반 백성들도 최영을 믿고 따랐습니다. 그도 그럴 것이 고려 전역을 누비며 홍건적과 왜구를 해치우는 데 앞장섰거든요. 전라도 해안에 침입한 왜선 400척을 침몰시켜 대승을 거두는가 하면, 4만 명의 홍건적이 쳐들어와 서경과 개경을 점령했을 때 이들을 무찌르고 빼앗긴 땅을 되찾은 것도 최영이었죠. 최영 장군과 함께하면 승리하고 그렇지 않으면 패배한다는 말이 있을 정도로 그의 영향력은 대단했답니다.

떠오르는 샛별 이성계 ─────

고려 말 최영과 함께 고려를 대표하는 장수로 손꼽히는 인물이 바로 이성계입니다. 사실 이성계가 역사에 이름을 남길 수 있었던 데에는 최영의 영향이 커요. 앞서 최영이 공민왕의 명령을

● **기황후** 원나라 순제의 황후로, 고려인이다. 1340년에 황후가 되어 30년 동안 권세를 부렸는데, 그 영향이 고려에까지 미쳐 오빠인 기철을 비롯한 기황후의 일족들이 친원파 권문세족으로 국가 요직을 차지했다. 공민왕은 즉위 이후 기씨 일족을 처단하며 반원 정책을 펼쳤다.

받고 원나라에 뺏긴 함경도 일대를 탈환했다고 했죠? 이곳은 고려의 영토였지만, 원나라에 빼앗기면서 쌍성총관부라 불리던 지역으로 이성계가 태어나서 살던 곳이에요. 이성계 집안이 이곳에 터를 잡게 된 배경에는 선조가 지방관의 횡포를 피해 도망쳐 온데 있어요. 이후 이성계의 선조들은 원나라의 관리가 되어 생활했지만, 늘 자신들이 고려인이라는 정체성을 잃지 않았죠.

그러던 중 이성계의 아버지 이자춘이 고려가 쌍성총관부를 탈환한다는 소식을 듣고는 최영을 적극적으로 도와 공을 세워요. 그리고 그 대가로 이자춘이 고려로부터 벼슬을 받으면서, 이성계는 원나라 사람이 아닌 고려인으로 당당하게 편입하게 됩니다.

무인 이성계의 활약은 1361년 평안북도에서 일어난 반란을 진압하면서부터 시작됐어요. 같은 해 홍건적의 침입으로 빼앗긴 개경을 되찾는 데 일조하면서 세상에 이름을 알렸죠. 그는 사병집단인 가별초 2,000명을 데리고 전투에 참가해서 가장 먼저 홍건적의 방어선을 무너뜨리며 개경에 입성해요. 그 당시 전투를 이끌었던 최영은 이성계의 패기와 실력을 높이 평가했다고 하죠. 이후 이성계는 원나라 장수 나하추와의 전투에서 승리하고, 최영을 도와 기황후가 보낸 원나라 군대를 무너뜨리면서 승승장구했어요.

그가 고려를 대표하는 젊은 무신으로 거듭나게 된 건 1380년

황산대첩을 승리로 이끌면서부터입니다. 고려의 발명가 최무선의 활약으로 화약 및 화포를 도입한 고려군은 서해안을 침략한 왜선 500여 척을 침몰시켰는데요, 본국으로 돌아갈 배가 없어진 왜구는 경상도와 전라도 일대를 돌아다니며 노략질을 벌였어요. 피해가 커지자 이성계는 군대를 이끌고 남원으로 내려와 왜구를 토벌했어요. 병력이 열세인 상황이었지만 뛰어난 전략으로 왜구를 섬멸했죠. 이에 최영은 크게 기뻐하며 "고려가 다시 일어선 것은 이 승리 덕분일세. 공(이성계)이 아니라면 이 나라가 장차 누구를 믿겠는가."라며 극찬했다고 해요. 그렇게 이성계는 최영의 뒤를 이어 고려를 지킬 젊은 명장으로 거듭났어요.

요동 정벌을 둘러싼 대립 ————

최영과 이성계에게 열아홉의 나이 차는 큰 문제가 아니었어요. 나라를 위기에서 구하고 백성들을 지키겠다는 마음이 통했기 때문이지요. 둘은 고려 전역을 돌아다니며 왜구와 홍건적을 소탕했답니다. 전쟁터에서만 협력한 건 아니었어요. 공민왕의 뒤를 이어 우왕이 집권할 당시에는 서로 힘을 합쳐 부정비리로 나라와 백성을 어렵게 만드는 권문세족을 휩쓸어 버렸지요.

하지만 세상에 영원한 건 없다는 말처럼 둘의 끈끈한 관계에
도 금이 가기 시작합니다. 뛰어난 무술 실력과 대쪽 같은 성정 등
이 똑 닮은 둘이었지만 결정적인 점에서 차이가 있었거든요. 개
국공신 집안으로 뼛속까지 고려인이던 최영에게 고려는 그의 전
부였습니다. 이 때문에 최영은 여러 폐단을 바로잡아 고려를 재
건하고자 했죠. 반면에 변방 출신으로 뒤늦게 고려 사회에 편입
된 이성계에게 고려는 무조건 지켜야 할 존재는 아니었습니다.
고려가 망가졌다면 이를 버리고 새로운 나라를 세워도 괜찮다고
생각했어요.

때마침 원나라를 중국 본토에서 내쫓은 명나라가 고려를 복종
시키고자 철령 이북의 땅을 내놓을 것을 요구했어요. 공민왕이
원나라에게서 되찾은 쌍성총관부 지역을 말이에요. 최영은 이를
거세게 반대하고 나섰어요. 명나라의 요구를 하나둘 들어주다 보
면 과거 원의 간섭을 받던 때처럼 나라가 망가질 거라 생각했거
든요. 이 기회에 요동을 정벌해 고려의 강함을 보여 주어야 한다
고 주장했어요. 반면 이성계의 생각은 달랐습니다. 명나라보다
국력이 약한 상황에서 무리하게 요동 정벌을 추진하다가 고려가
위태로워질 것을 걱정했죠. 그는 다음과 같은 4불가론(四不可論),
곧 가능하지 않은 네 가지 이유를 들며 요동 정벌을 강하게 반대
했답니다.

첫째, 여름철 농번기에 군사를 동원하는 것은 옳지 않다.

둘째, 장마철이라 덥고 습해서 활의 아교가 풀어지고,
　　　　전염병이 유행할 것이다.

셋째, 요동을 공격하는 사이 왜구가 침입할 우려가 있다.

넷째, 작은 나라가 큰 나라를 거스르는 것은 옳지 않다.

하지만 이성계의 주장을 받아들이지 않은 고려 조정은 1388년 요동을 정벌하기로 결정했어요. 노장 최영이 정벌에 나서겠다는 말에 이성계 또한 우군 도통사를 맡아 이에 합류할 수밖에 없었죠. 그런데 이게 웬일일까요? 우왕이 출정 당일 최영의 출전을 만류하면서 이성계는 좌군 도통사 조민수와 둘이서만 요동 정벌에 나서게 됩니다.

위화도회군의 결과 ─────

요동으로 들어가기 직전 고려 정벌군은 압록강 하류의 위화도에서 발이 묶였어요. 큰비가 내려 강을 건너기 어려워졌거든요. 엎친 데 덮친 격으로 많은 병사가 전염병으로 죽으면서 사기가 떨어졌죠. 이성계는 요동 정벌의 어려움을 토로하며 회군을 요청했지만, 우왕과 최영은 이를 허락해 주지 않았어요.

결국 그는 고려를 무너뜨리기로 결심하고 좌군 도통사 조민수를 설득해 군대를 되돌렸습니다. 이 사건이 위화도회군이지요. 개경에 있던 최영은 회군 소식에 이성계가 반란을 일으켰음을 알아차리고 급히 병력을 소집했어요. 그러나 고려의 정예군을 이미 이성계에게 내준 상황. 최영은 간신히 모은 병력으로 이성계에게 맞서 싸우지만, 수적 열세를 극복하지 못하고 패배합니다.

최영을 상대로 승리한 이성계는 자신을 지지하는 신흥 무인 세력과 정몽주와 정도전 같은 신진 사대부를 끌어들여 정권을 장악했어요. 우왕을 폐위시킨 후 강화도로 보냈고, 최영 또한 오늘날 경기도 고양시에 해당하는 고봉현으로 유배 보내요. 이후 최영은 개경으로 다시 압송돼 참형당해요. 최영의 죄명은 '무리하게 요동을 정벌하려 계획하고, 왕의 말을 우습게 여기며 권세를 탐한 것'이었어요. 평생 고려만을 생각하고 청렴하게 산 최영으로서는 억울하기 그지없었죠. 이 때문에 최영은 죽기 직전 자신이 조금이라도 탐욕스러웠다면 무덤에 풀이 자랄 것이고 그렇지 않다면 풀이 자라지 않을 것이라는 말을 남깁니다. 최영의 한 맺힌 유언 때문인지 1976년 전까지 그의 무덤에는 풀이 자라지 않았다고 해요.

우왕 폐위 후 이성계는 창왕에 이어 공양왕을 왕위에 앉히며

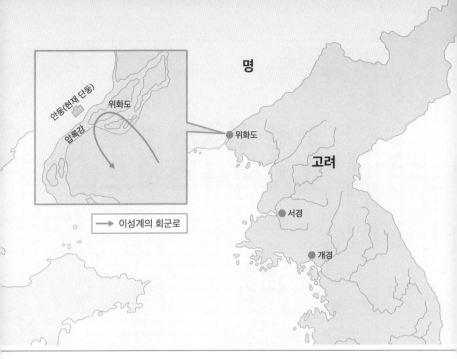

이성계의 회군 경로를 나타낸 지도

실질적인 권력자로서 고려를 다스렸어요. 그리고 1392년 공양왕
에게 왕위를 물려받고 성리학에 기반한 새로운 나라 조선을 건
국했죠.

　고려 말 함께 전장을 누빈 전우이자 정치적 동반자였던 최영
과 이성계. 요동 정벌을 두고 갈라선 둘이 끝내 서로에게 칼끝을
겨눴다는 점을 생각하면 역사는 복잡하게 얽히고설킨 실타래와
같다는 말이 실감돼요. 그 실타래 속에서는 영원한 친구와 적은
물론 영원히 번성하는 국가도 없답니다.

조선 건국을 이끈
동지에서 숙적으로

정도전

출생

이성계와 연을 맺고 고려 말,
개혁 세력의 중심 인물로 활동하다.

위화도회군에 동참하여
고려 말 정권 교체를 주도하다.

1342 ---- 1367 ---- 1383 ---- 1388

이방원

출생

문과에 급제하다.

정안군(이방원)이 말을 멈추고 먼저 병사 열 명으로 하여금 그 집을 포위하게 하니 (중략) 정도전과 남은 등이 등불을 밝히고 모여 앉아 웃으면서 이야기하고 있었다. (중략) 정안군이 말하였다. "네가 조선의 봉화백이 되었는데도 도리어 부족하게 여기느냐? 어떻게 악한 짓을 한 것이 이 지경에 이를 수 있느냐?" 이에 그를 목 베게 하였다.

— 『태조실록』 중에서

정도전

방원, 자네는 나라와 백성을 위해 나를 죽이겠다고 하지만 실상은 왕이 되고자 함이 아닌가? 내 이미 자네의 야심을 알고 있었기에 사병을 없애고 왕자들을 한양에서 멀리 떨어진 곳으로 보내려 했던 것이오. 이 자리에서 죽는 것은 두렵지 않으나 과거 우리가 만들고자 했던 이상적인 나라를 보지 못하고 세상을 떠나는 것이 못내 안타깝군. 부디 그 야심만큼 능력을 발휘해 강한 조선, 백성들이 행복하게 살아가는 조선을 만들어 주시오.

이방원

조선을 세우던 날이 지금도 생생합니다. 부패한 고려를 버리고 선생과 함께 새로운 나라를 만들어 갈 생각에 가슴이 설렜지요. 그때만 해도 총기가 남다르셨거늘…. 어찌 이리 어리석은 선택을 하셨습니까? 장성한 형들을 두고 코흘리개 막내를 세자로 삼다니요. 명나라가 호시탐탐 조선을 짓밟을 기회를 노리고 있는데, 요동 정벌이라니요! 백성들과 이 나라 조선을 위해서 선생을 도저히 두고 볼 순 없습니다.

제1차 왕자의 난 중
이방원의 세력에 의해 사망하다.

새로운 세상을 꿈꾼 정도전 ————

조선 건국에 있어 핵심적인 역할을 한 사람을 꼽으라면 크게 세 명을 이야기할 수 있어요. 백성의 지지와 강력한 군사력을 발판 삼아 권력의 정점에 선 이성계, 발 빠른 행동력으로 정적(政敵)들을 제거한 이성계의 아들 이방원, 신진 사대부의 구심점이자 새로운 세계를 계획한 정도전을 말이지요.

고려 말 경북 봉화 지역의 향리 집안에서 태어난 정도전은 백성들이 편안하게 살 수 있는 세상을 꿈꾸었습니다. 그러기 위해서는 성리학적 질서에 입각해, 어진 덕을 근본으로 천하를 다스리는 왕도 정치를 펼쳐야 한다고 생각했지요. 부친의 뒤를 이어 과거에 급제한 정도전은 충주 지역의 관리로 관직 생활을 시작합니다. 이후 같은 스승 밑에서 공부한 정몽주와 함께 성균관 교관이 되어 유생에게 성리학을 가르치며 새로운 시대를 준비할 인재들을 길러 냈죠.

안타깝게도 고려의 상황은 정도전의 바람과 다르게 흘러갔어요. 성리학을 장려하며 개혁을 추진하던 공민왕이 갑작스럽게 세상을 떠난 데 이어 권문세족 이인임이 권력을 잡고 원나라와의 외교를 추진했거든요. 자칫 잘못하다가는 원을 경계한 명나라가 고려를 침입할 수 있는 상황인데 말이에요. 원과의 외교로 내정간섭이 시작되면 많은 공물을 바치느라 백성들이 고생할 것이 뻔했습니다. 결국 정도전은 이인임의 정책을 비판하며 원나라 사신을 마중하라는 명령을 거부합니다. 이 일로 그는 관직에서 쫓겨나 나주로 유배를 가게 됐죠.

귀양살이는 고됐어요. 무엇보다 그를 힘들게 한 것은 백성들이 고통받는 모습을 손 놓고 바라만 봐야 하는 상황이었지요. 백성들이 배곯아 죽고 귀족들의 행패에 못 이겨 도망가는 모습을 보면서 그는 썩어 빠진 고려를 반드시 개혁하고 말겠다는 의지를 불태웠답니다. 4년간의 유배 생활을 끝내고 정도전은 후학을 양성하며 조정의 부름을 기다립니다. 하지만 권력자의 눈 밖에 난 탓일까요? 좀처럼 조정에 나갈 기회는 찾아오지 않고, 시간만 속절없이 흘러갔습니다. 그러기를 몇 년, 참다못한 정도전은 직접 행동에 나섭니다. 여진족의 침입을 막기 위해 함경도에 주둔하고 있던 이성계를 찾아간 거예요. 나라와 백성을 위해 전장을 누비는 이성계라면 자신의 뜻을 알아줄 거라 생각한 그는 이성계의 군영 앞 소나무에 아래와 같은 시를 남겼어요.

아득한 세월에 한 그루 소나무,

푸른 산 몇만 겹 속에 자랐구나.

잘 있다가 다른 해에 만나 볼 수 있을까.

인간을 굽어보며 묵은 자취를 남겼구나.

이성계에게 보내는 편지와 다름없는 이 작품에는 '때가 되면 그대는 역사에 발자취를 남길 인물이니, 자신과 손잡고 큰일을 도모하자.'라는 정도전의 은근한 속내가 담겨 있습니다. 시를 본 이성계는 정도전을 만나 미래를 함께하기로 약속하고, 그가 관직에 복귀할 수 있도록 도왔어요. 조선 건국의 주역인 정도전과 이성계의 인연은 그렇게 시작됐답니다.

든든한 조력자 이방원 ————

이성계 휘하의 사람 중 정도전에게 가장 큰 힘이 됐던 인물은 이성계의 다섯째 아들 이방원이었어요. 그도 그럴 것이 이방원은 대대로 무인만 배출하던 집안에서 유일하게 문과에 급제한, 문무 모두에 능한 인재였거든요. 이 때문에 이성계는 여러 아들 중에서도 이방원을 가장 총애했지요. 관리가 되어 정계에 진출한 이방원은 정치적 수완이 부족한 아버지를 대신해 권문세족에 대항할 사람들을 포섭했답니다. 오랜 유배 생활로 조정 내 영향력이 부족했던 정도전의 오른팔 노릇을 하며 그가 빠르게 조정을 장악할 수 있도록 도왔고요.

뛰어난 판단력과 발 빠른 실행력으로 이성계와 정도전을 위기에서 구하기도 했습니다. 위화도회군 이후 신진 사대부는 정도전을 중심으로 하는 급진 개혁파와 정몽주가 구심점이 되는 온건 개혁파로 나뉘었는데요, 급진 개혁파는 망가진 고려를 버리고 새 나라를 세울 것을 주장했어요. 이와 반대로 온건 개혁파는 고려 왕조의 틀 안에서 점진적으로 개혁을 추진하고자 했죠. 둘의 입장 차는 쉽게 좁혀지지 않았고, 결국 정몽주가 왕조를 바꾸는 역성혁명을 주장한 정도전을 유배 보내는 사건이 벌어집니다. 엎친데 덮친 격으로 1392년 봄에는 이성계가 황해도 해주에서 사냥을 하다 부상을 입어 거동이 어렵게 됩니다.

절체절명의 순간 홀로 개경에 남은 이방원은 어떻게 행동했을까요? 우선 그는 이성계가 머무르는 해주로 달려갔어요. 거동이 불편한 이성계를 설득한 후 가마에 태워 서둘러 개경으로 돌아왔죠. 이방원의 결정은 탁월했어요. 이성계가 없는 틈을 타 급진 개혁파를 제거하려던 정몽주는 갑작스러운 이성계의 등장에 크게 당황했거든요. 정몽주는 계획을 바꿔 병문안을 핑계로 이성계를 찾아갑니다. 그리고 고려의 충신으로 남아 달라고 청하죠. 역성혁명을 포기하라고 돌려 말한 거예요. 당연하게도 이성계는 이를 받아들이지 않아서, 정몽주는 별 소득 없이 발길을 돌렸어요.

정몽주를 이대로 보냈다간 자신들이 큰 화를 입을 거라 생각한 이방원이 다시금 나섭니다. 개경의 선죽교까지 쫓아 간 이방원은 시를 읊으며 정몽주를 회유했어요.

이런들 어떠하며 저런들 어떠하리.
만수산 드렁칡이 얽어진들 어떠하리.
우리도 이같이 얽혀 백 년까지 누리리라.

새로운 나라를 세우는 일에 함께해 부귀영화를 누리자는 이방원의 시에 정몽주는 똑같이 시로 답합니다.

이 몸이 죽고 죽어 일백 번 고쳐 죽어
백골이 진토 되어 넋이라도 있고 없고
임 향한 일편단심이야 가실 줄이 있으랴.

이방원은 고려를 향한 충절을 버릴 수 없다는 정몽주를 설득할 수 없음을 깨닫고 사람을 시켜 그를 죽입니다. 이방원의 나이 스물일곱에 벌인 일이었죠. 온건 개혁파의 구심점이던 정몽주를 죽인 이방원은 옥에 갇힌 정도전을 풀어 준 뒤 힘을 합쳐 이성계를 새로운 왕으로 추대했죠. 그리고 마침내 1392년 7월 17일, 이성계는 공양왕에게 왕위를 이어받아 조선의 초대 국왕으로 즉위합니다.

동지에서 적으로 ————

조선을 건국하는 과정에서 정도전과 이방원은 누구보다 손발이 잘 맞는 동지였어요. 나이 차는 있었지만 서로를 마음 깊이 신뢰하고 의지했지요. 하지만 돈독하던 둘의 관계는 조선이 건국된 이후 슬슬 틀어지기 시작합니다. 나라를 다스리는 방법을 두고 견해가 달랐기 때문이지요. 정도전은 국왕이 뛰어난 능력을 갖춘 재상들과 협의해 국정을 운영해야 한다고 생각했어요. 권력이 왕에게 집중된다면 왕이 무능력하거나 잘못된 판단을 했을 때 국가가 위태로워지기 십상이니까요. 반면에 이방원은 갓 출발한 조선의 상황을 고려할 때, 왕이 강력한 권한을 갖고 나라를 이끌어야 한다고 봤습니다.

권력에서 우위를 차지한 사람은 정도전이었습니다. 개국의 일등 공신으로 선정된 정도전은 태조 이성계의 전폭적인 지지 아래 조선의 새로운 도읍지를 한양으로 결정하고 경복궁 건설을 진두지휘하며 정국을 이끌었죠. 왕도 정치에 입각한 조선의 법전

『조선경국전』을 집필하며 청년 시절 자신이 꿈꾸었던 나라를 만들어 갔습니다. 반면에 정도전과 달리 이방원은 왕의 아들이라는 이유로 공신에 선정되지 못했어요. 정몽주를 죽이며 조선 건국에 핵심적인 역할을 한 이방원으로서는 허탈하기 그지없는 결과였지요. 그를 좌절시킨 사건은 이뿐만이 아니었어요.

조선 건국 직후, 태조는 두 번째 부인인 신덕왕후 강씨 사이에서 낳은 아들 이방석을 임금의 자리를 이을 세자로 책봉합니다. 이복동생이자 막내인 방석이 세자가 되었다는 소식에 이방원은 격렬하게 반발했지만 태조는 결정을 번복하지 않았지요. 이를 말리지 않은 정도전은 한술 더 떠 중국에서 왕자를 지방에 보내 민심을 다독인 사례를 들며 이방원을 비롯한 왕자들을 지방으로 보내자고 주장합니다. 속내는 이들을 중앙 정계에서 멀어지게 하려는 의도였죠. 결정적으로 정도전이 요동 정벌과 사병 혁파를 주장하면서 둘의 사이는 걷잡을 수 없이 틀어졌답니다. 사병 혁파란 왕의 친족 및 권세를 가진 개인이 소유하고 있는 사병을 해체하거나 국가 중앙군에 소속시키는 일을 말해요. 조선이 건국된 초반에는 왕자와 공신들이 사사로이 사병을 거느린 경우가 많았는데, 정도전은 사병이 왕권을 위협할 수 있다고 보았던 것이죠.

요동 정벌은 왜 또 갑자기 주장했을까요? 가장 큰 원인은 조선과 명나라와의 외교 관계가 매끄럽지 못한 데 있어요. 명나라는 사사건건 조선 내정에 간섭하며 고압적인 태도를 보였거든요. 이에 이성계와 정도전은 모든 사병에 동원령을 내려 요동 정벌을 위한 군사훈련에 동참하라는 명령을 내려요. 이방원은 사병을 모조리 불러들인 목적이 요동 정벌이 아니라 왕족들의 사병을 해체하기 위한 것으로 생각하고는, 자신의 안위가 위험에 처했다고 생각했어요. 그는 결국 정도전을 제거하기로 마음먹었죠.

『조선경국전』

태조 3년(1394년)에 정도전이 조선의 국정 운영을 위해 직접 편찬해 태조 이성계에게 바친 법전으로, 조선의 건국 이념과 국가의 정무를 맡아보던 6전(六典)의 집무 규정이 적혀 있어요. 정식으로 사용되지는 않았지만, 우리나라 최초의 법전인 『경제육전』 성종 대에 완성된 조선시대 최고의 법전인 『경국대전』 등 다양한 법전의 토대가 되었답니다.

©국가유산청

국가지정문화재 보물 제1924호 『조선경국전』

왕자의 난과 정도전의 죽음 ─────

이방원이 정도전을 제거하는 순간은 『조선왕조실록』에 자세하게 기록되어 있어요. 1398년 정도전은 이방원과 그의 동복형제들을 죽이고자 태조의 병환을 핑계로 밤늦은 시간 그들을 궁궐로 불러들입니다. 궁궐로 향하던 이방원은 평소라면 환하게 불을 밝히고 있어야 할 궁문 앞 등불이 켜져 있지 않은 것에 수상함을 느끼고 이내 정도전의 의도를 파악했어요. 그리고는 자신과 뜻을 함께하는 사람들과 힘을 합쳐 궁궐을 함락시켰죠. 이것이 바로 제1차 왕자의 난입니다. 그 수가 100명이 채 되지 않았지만 엄청난 기세에 세자 이방석은 반군이 남산까지 꽉 들어찼다고 생각하여 싸움을 포기했다고 해요.

궁궐을 장악한 후, 이방원은 도성에 있는 정도전 일행을 처리합니다. 술을 마시다 정변 소식을 듣고 도망친 정도전과 그를 지지하는 남은 등을 붙잡아 어린 세자(이방석)의 세력을 믿고 임금의 친족을 해치려 도모하고, 이미 이루어진 왕업을 전복하고자 했다며 죽였지요.

물론 이는 훗날 왕위에 오른 이방원의 입장에서 쓰인 기록으로, 사실로 단정 지을 수는 없어요. 이방원이 갑작스럽게 정변을 일으켰다기보다 오랫동안 철저히 준비했을 가능성이 높으며, 정도전이 이방원을 죽이려 했다는 사실 역시 반정을 일으키기 위해 지어낸 것이라는 의견이 지배적이지요.

이방원은 정도전 세력뿐 아니라 이복형제 이방석과 이방번을 비롯한 정적을 모두 제거했어요. 이후 자신의 심복들을 내세워 조정 내 실권을 장악했죠. 신뢰하던 신하 정도전과 아들들을 잃은 태조 이성계는 그해 왕위를 둘째 아들이자 이방원의 동복형인 이방과(정종)에게 넘기고 칩거합니다. 그로부터 2년 뒤, 이방원은 친형인 이방간과의 왕위 다툼, 즉 제2차 왕자의 난 끝에 정종의 세자로 책봉되었다가, 1400년 정종에게 왕위를 물려받아 조선의 세 번째 왕으로 즉위해요. 그런데 이방원은 정종의 동생인데 왜 세제가 아닌 세자가 되어 왕에 즉위한 것일까요? 그것은 조선의 왕은 반드시 아들에게 왕위를 물려주는 세습 질서를 세우겠다는 이방원의 뜻이 반영된 결과에요. 다시는 자신처럼 왕위를 두고 형제간에 다투는 일이 없기를 바라는 마음을 담아서 말이죠.

조선 건국의 주역이자 정치적 동반자였던 이방원과 정도전은 건국 후 남보다 못한 사이로 탈바꿈합니다. 얽히고설킨 둘의 인연은 이방원이 정도전을 죽이고서야 끝을 맺었지요. 이후 정도전은 조선 왕조 500년 동안 역적으로 몰렸어요. 조선이라는 나라를 구상하고 설계한 정도전이 아이러니하게 조선 역사에서 인정받

지 못하다가, 고종 대에 가서야 복권될 수 있었답니다. 더 아이러
니한 점은 이방원이 왕위에 오르자마자 한 일이 사병 혁파였다
는 거예요. 왕권을 안정화하려면 임금의 친족 및 권세 있는 이들
의 군사적 기반을 무너뜨려야 한다는 사실을 그 또한 이해한 것
이지요.

이 외에도 태종 이방원은 정도전이 생전에 제안한 정책을 필
요에 맞게 활용하며 조선이라는 나라의 기틀을 다졌어요. 태종이
정치적 안정과 경제적 번영을 이룬 덕분에 그의 아들 세종이 조
선의 태평성대를 열 수 있었죠. 어쩌면 정도전의 뜻은 이방원에

한국사 속 별별 사건

제2차 왕자의 난 중심에 선 박포

박포는 제1차 왕자의 난에서 일등 공신이 되지 못한 것에 불평을
일삼다가 충북 영동으로 귀양을 간 상황에 원한을 갖게 돼요. 박포
는 태조의 넷째 아들 이방간을 찾아가 "이방원이 당신을 죽이려 합
니다."라며 거짓 정보를 흘렸어요. 이를 믿은 이방간은 크게 분개하
며 이방원을 죽이려 마음먹어요. 태조와 정종의 만류에도 불구하
고, 이방간은 무리하게 사병을 동원하여 이방원과 맞서 싸우다가
패배하고 유배 보내져요. 박포는 형제 사이를 이간질하고 나라를
어지럽힌 죄로 처형당하고요. 그해 11월 정종은 이방원(태종)에게
왕위를 물려줍니다.

게로 이어져 꽃피웠는지도 모르겠네요. 절친한 동지가 한순간에 숙적이 되고, 자신의 손으로 죽인 사람의 뜻을 계승하고…. 역사란 아이러니의 연속인가 봅니다.

조카에게서 숙부로, 빼앗긴 왕좌

단종		출생	12세의 나이에 조선 6대 왕으로 즉위하다.	
	1417	1441	1452	1453
세조 (수양대군)	출생			계유정난을 일으켜 실질적 정권을 장악하다.

노산군(단종의 신분이 격하되었을 때 붙여진 칭호)이 손으로 대보를 잡아 세조에게 전해 주니, 세조가 더 사양하지 못하고 이를 받고는 (중략) 세조가 익선관과 곤룡포를 갖추고는 백관을 거느리고 근정전 뜰로 나아가 선위를 받으니 (하략)

—『세조실록』중에서

단종

숙부님이 아바마마 앞에서 저를 잘 보필하겠다고 약조한 게 불과 몇 년 전입니다. 설마 병석에 누워 계신 아바마마를 보고 기회가 찾아왔다 생각하셨습니까? 갓 왕위에 오른 제가 재상들의 도움을 받아 국정을 운영할 때도 정변을 일으킬 좋은 구실이 생겼다고 생각하셨나요? 제가 힘이 없어 주변 사람들을 지키지 못했다는 사실이 통탄스러울 따름입니다. 옥새를 빼앗기듯 넘기는 이 상황도 말입니다.

세조

정변이라니요? 계유년의 그 일은 김종서를 비롯해 나라를 위태롭게 하는 무리들을 해치운 사건이었습니다. 전하께서도 아시지 않습니까. 재상들이 전하께서 어리다는 점을 이용해 조정을 자신들 입맛대로 바꾸고 있었다는 것을요. 지난 몇 년 살펴본 결과, 어리고 유약한 전하께 수많은 백성을 돌봐야 하는 국왕의 자리는 무거워 보입니다. 그 부담은 이 숙부가 짊어질테니 그만 자리에서 내려오시지요.

숙부 수양대군의 정변으로
왕위에서 물러나다.

사망

1455 ----- **1456** ----- **1457** ----- **1468**

사육신 사건을 진압하며
왕권을 강화하다.

단종을 죽이고
통치 기반을 공고히 하다.

사망

비극의 시작 ————

　조선 역사상 가장 뛰어난 왕으로 평가받는 세종은 능력 있는 아들을 여럿 두었어요. 큰아들 문종은 30년 가까이 아버지 세종을 보필하며 국정을 운영했지요. 이 과정에서 측우기, 수십 개의 화살을 연이어 쏠 수 있는 수레인 화차 등을 고안하기도 했습니다. 적장자인 데다 문무에 능하고 통치 경험까지 풍부한 문종은 완벽한 왕의 재목이었어요. 둘째 수양대군도 학문과 무예 모두에 뛰어났습니다. 세종을 도와 훈민정음 창제에 참여했으며 여러 외서를 한글로 번역해 편찬했죠. 어릴 적부터 말타기나 활쏘기에 재능을 보였고요. 이 외에도 셋째 아들 안평대군은 글과 그림에 조예가 깊었으며, 넷째 임영대군은 무예 실력이 출중했다고 해요.

　세종은 이 중에서도 수양대군을 유독 걱정했습니다. 차분하고 성품이 너그러웠던 큰아들과 달리 수양대군은 성격이 꽤 괄괄했거든요. 아버지 태종이 형제들을 유배 보내거나 죽여 권력을 잡은 것처럼 수양대군이 왕위를 욕심내 형제를 죽이는 비극을 되풀이할까 우려했지요.

　건강이 좋지 않은 세종을 대신해 세자로서 국정을 이끌던 문종은 1446년(세종 28년) 어머니인 소헌왕후가 세상을 떠나자 삼년상을 치렀어요. 그런데 소헌왕후의 삼년상이 끝나자마자 세종이 승하하면서 또다시 삼년상을 치르게 됩니다. 보통 왕은 국정을 책임지기 위해 약식으로 삼년상을 올리는데요, 효심 깊은 문종은 고기도 먹지 않은 채 정석대로 삼년상을 연달아 치르다 보니 건강이 급속도로 악화됐어요. 몸이 약해져 오래 살지 못할 것을 예감한 그는 김종서와 황보인 등 믿을 만한 재상과 형제들을 불러 어린 아들 단종의 보필을 청합니다. 그리고 재위 2년 만인 1452년 단종을 남겨 두고 세상을 떠나요.

단종의 즉위와 계유정난 ————

문종은 아내와 사이가 좋지 않았어요. 왕세자 시절 맞이한 첫 번째 왕세자빈은 문종의 관심을 받기 위해 주술을 쓰다 궁에서 쫓겨났고, 두 번째 왕세자빈은 궁녀와 사랑을 나누다 들켜 쫓겨났죠. 이후 세종은 문종이 사랑한 후궁 권 씨를 세 번째 왕세자빈(현덕왕후)으로 맞아들이게 했어요. 하지만 안타깝게도 현덕왕후는 단종을 낳고 얼마 되지 않아 죽고 맙니다. 태어나자마자 어머니를 잃은 단종은 열두 살의 어린 나이에 아버지 문종 또한 떠나보내며 국왕의 자리에 올랐지요.

어린 왕이 즉위하면 왕대비나 대왕대비, 즉 왕의 어머니나 할

머니가 왕을 도와 정사를 돌보는 게 일반적인데요, 단종의 경우에는 어머니와 할머니 등이 모두 사망하여 도와줄 왕실 어른이 없는 상황이었어요. 이에 문종의 유언을 받든 김종서와 황보인 같은 원로대신들이 단종을 대신해 국정을 이끌었죠. 단종도 즉위 문서에 "내가 어리고 정사에 어두우므로 모든 사안을 의정부 및 6조와 상의하겠다."라고 밝히며 의정부의 권한을 강화해 주었답니다. 이 과정에서 몇몇 재상들이 임금의 가장 중요한 권한인 인사권에 간섭하는 황표정사(黃標政事)를 벌여 문제가 되었어요.

문종이 국왕으로 있을 당시 수양대군은 정치 활동을 하지 않았어요. 문종이 도움을 청할 때 조정에 나가 조언해 주는 것이 전부였지요. 하지만 어린 조카가 영 못 미더웠던 걸까요? 아니면 재상들의 입김에 왕권이 약해질까 걱정됐던 걸까요? 단종 즉위

한국사 속 별별 사건

황표정사

김종서와 황보인 등이 관료 후보자 중 자신들이 임명하고 싶은 사람의 이름 위에 노란 종이를 붙이면 단종이 그 위에 점을 찍어 임명하였다 하여 이런 이름이 붙었어요. 이 행태를 두고 관료들 사이에서 부정적인 여론이 형성됐고, 계유정난이 일어나는 명분으로 작용하게 됩니다.

후 수양대군은 태도를 완전히 바꿉니다. 세력을 키우며 왕위를 넘보았지요. 그가 가장 먼저 한 일은 자신을 견제하던 김종서와 황보인 같은 반대파의 숙청이었어요.

1453년 10월 10일 밤, 수양대군은 수십 명의 장정을 데리고 좌의정 김종서의 자택을 찾아갔어요. 그리고 김종서를 집 밖으로 불러내어 종에게 철퇴로 그를 내리치게 시켰죠. 수양대군과 단종의 운명을 바꾼 계유정난의 시작이었습니다.

김종서를 제거한 수양대군은 단종의 동복누이인 경혜공주의 사저에 머물고 있던 단종에게 달려가 김종서와 황보인이 안평대군을 왕으로 추대하려는 역모를 꾸며 미처 아뢰지 못하고 김종서를 죽였다고 거짓말했어요. 이 말을 철석같이 믿은 단종은 울면서 살려 달라 애원했고, 수양대군은 이를 명분삼아 역적의 잔당을 없애겠다며 단종의 이름으로 조정 대신들을 궁으로 소집합니다. 아무것도 모르고 궁으로 향한 관료들은 수양대군의 최측근 한명회가 들고 있던 살생부에 따라 죽거나 살아남았어요. 불러 모으지 못한 일파는 사람을 보내어 제거했습니다. 이때 죽은 이 대부분은 모두 문종의 뜻을 이어받아 단종을 보필하던 사람들이었죠.

상왕이 된 조카, 왕이 된 숙부 ─────

단종은 뒤늦게 역모를 꾀한 이가 김종서와 황보인이 아니라 수양대군이라는 사실을 알게 되지만 아무것도 할 수 없었습니다. 이미 자신을 도와줄 관료들은 수양대군에 의해 죽거나 유배 보내졌으니까요. 그나마 의지할 만한 숙부 안평대군마저 수양대군의 압박에 의해 자신의 손으로 직접 유배 보내고 사약을 내렸지요. 왕위 찬탈을 위해 벌인 정변일지언정 계유정난의 표면적인 명분은 역모 진압이어서, 수양대군은 관료와 백성들에게 자신이 왕위에 욕심이 없다는 걸 보여 주려고 단종의 가례*를 추진했어요. 이를 통해 자신의 의도는 오로지 단종을 보필하여 왕실을 바로 잡는 데 있다 말하고 싶었던거죠. 수양대군의 속내를 눈치 챈 단종은 문종의 삼년상이 끝나지 않았다며 가례를 거부했지만 결국 수양대군의 어린 시절 친구인 송현수의 딸(정순왕후)을 아내로 맞아들이게 됩니다.

1455년 6월, 단종은 내시를 통해 수양대군에게 왕위를 넘기고 싶다는 말을 전했어요. 나라의 전권을 쥔 숙부가 무엇을 원하는지 너무도 잘 알았거든요. 물론 여기에는 수양대군 측의 압박

● **가례** 왕이나 왕세자 등의 혼례를 의미한다.

도 있었고요. 그렇게 조선 제7대 왕 세조가 즉위하고, 단종은 상왕으로 물러났습니다. 이 과정에서 명분 없이 단종을 몰아내고 왕이 된 만큼 세조를 탐탁지 않게 여기는 관료들도 많았어요. 집현전 출신의 유학자 성삼문, 박팽년 등이 대표적인 인물이었죠. 이들은 세조의 즉위를 승인하고자 방문한 명나라 사신의 송별회에서 세조를 죽이기로 계획합니다. 세조의 경호를 맡은 별운검*유응부와 성삼문의 아버지 성승이 세조를 제거하면, 명나라 사신에게 계유정난이 역모였음을 알리고 단종을 복위시키기로요.

그런데 송별회 날, 세조의 측근 한명회가 이상한 낌새를 눈치채고 연회 장소가 좁다는 이유로 별운검을 들이지 말 것을 제안합니다. 마침 세자가 아파 연회에 나오지 못하는 상황이었기에 세조는 한명회의 말에 따라 조촐하게 연회를 진행했죠. 계획에 차질이 생기자 단종을 복위시키려는 세력은 거사를 연기하기로 결정하고 해산해요. 하지만 가담자 중 한 명이던 김질이 거사가 실패할 거라고 확신하고는 역모 사실을 고발해요. 그로 인해 거사는 실패하고 말아요.

세조는 크게 분노해 단종 복위에 가담한 사람을 모두 잡아들여 처벌했지요. 이때 거사를 주도하고 단종을 향한 충심을 지키

● **별운검** 조선시대에, 나들이 간 임금을 호위하던 벼슬아치.

강원도 영월 청령포(위)와 청령포 안의 단종 유배지(아래)

다 죽은 성삼문, 박팽년, 유응부, 하위지, 이개, 유성원을 가리켜 사육신이라 불러요.

세조는 사육신의 난을 비롯해 자신의 왕권에 도전하는 여러 사건들의 원인이 단종에게 있다고 보았습니다. 이에 단종의 신분을 낮추고 한양에서 멀리 떨어진 강원도 영월 청령포로 유배 보냈지요. 이곳은 세 면이 강으로 둘러싸여 있고 뒤로는 절벽이 펼쳐져 있는 천혜의 감옥으로 단종이 누구와도 접촉이 불가능한 곳이었거든요. 이곳에 단종을 가둬 두면 세간의 관심 또한 멀어질 거라 생각한 셈이지요.

금성대군의 난과 단종의 죽음 ————

세종의 여섯째 아들 금성대군은 계유정난으로 수양대군이 사실상 최고 권력자가 된 와중에도 끝까지 단종을 지지했어요. 여러 숙부 가운데서 단종이 유독 믿고 따랐으며, 금성대군 또한 그런 조카를 아꼈다고 하죠. 당연히 수양대군의 눈에 금성대군이 거슬릴 수밖에 없겠죠? 수양대군은 금성대군에게 모반 혐의를 씌워 지방으로 유배 보냅니다. 수양대군이 왕위에 오르는 동안 금성대군은 경기도 북동부에 위치한 삭녕에서 경기도 광주로, 광주에서 경상도 순흥으로 이동하며 유배 생활을 이어 갔어요.

1457년 단종 복위의 기회를 노리던 금성대군은 순흥의 부사*
이보흠이 세조 집권에 불만을 품은 걸 알고 정변을 제안합니다.
이보흠은 이를 승낙하며 충청과 영남 지역에 단종 복위 운동에
참여할 격문을 돌렸죠. 그러나 어처구니없게도 이들의 거사는 관
청에 소속된 노비 한 명에 의해 실패합니다. 순흥 부사 밑에 있던
한 관노가 출세를 꿈꾸며 격문을 훔쳐 한양으로 달아나는 과정
에서 거사가 발각되고 말았거든요. 분노한 세조는 금성대군에게
사약을 내리고 순흥 부사 이보흠을 처형했어요. 여기에 그치지
않고 순흥을 잘게 쪼개 인근 지역에 귀속시키며 행정구역 자체
를 없애 버렸죠.

금성대군의 난까지 겪자 세조는 결국 단종을 제거하기로 마음
먹습니다. 단종이 살아 있는 한 끊임없이 왕위를 위협받을 테니
까요. 조카를 죽인 숙부로 비난받을지언정 후환을 없애기로 결정
한 거예요. 단종의 죽음에 관해서는 여러 기록이 존재하는데요,
『선조실록』에 따르면 세조가 영월에 있던 단종에게 사약을 내렸
다고 해요. 조선 후기에 편찬된 역사책 『연려실기술』에는 단종을
모시던 하인이 노끈으로 그의 목을 졸라 죽였다는 기록이 있죠.

● 부사 조선시대, 지방을 다스리는 벼슬 중 하나.

진실이 무엇이든 단종이 열여섯의 안타까운 나이로 세상을 떠났다는 건 변함이 없는 사실이에요.

국왕으로서의 세조 ————

단종과의 일화 때문에 흔히 세조를 폭군으로 생각하지만, 국왕으로서 그의 자질은 뛰어난 편이었어요. 우선 세조는 기존의 의정부서사제를 폐지하고 육조직계제를 도입합니다. 의정부의 정승들을 거치지 않고 국왕이 직접 국정 업무를 보고받고 처리하며 왕권을 강화했죠. 이 덕분에 조선은 중앙정부의 행정력이 전 국토와 백성에 미치는 중앙집권 국가로 성장할 수 있었답니다. 태종 때 시행됐다 중단된 호패법을 다시 시행하기도 했습니다. 호패란 신분을 나타내기 위해 16세 이상의 남자에게 발급되는 조선시대의 주민등록증이에요. 호패로 백성의 수를 정확하게 파악하면, 이를 바탕으로 국가 운영에 필요한 노동력과 세금을 거둘 수 있게 돼요. 이 외에도 현직 관리에게만 토지를 지급하는 직전법을 시행하고, 군대 조직을 개편해 지역 단위 방어 체계를 확립하는 등 여러 면에서 나라의 안정화를 꾀했어요.

무엇보다 세조의 가장 큰 업적은 법전을 제작한 것입니다. 그

전에도 법전이 존재하기는 했으나 지역의 관습법을 중시하거나 법 조항끼리 서로 모순되는 일이 비일비재했어요. 이에 세조는 통일된 법전의 필요성을 통감하고 법전 제작에 착수했죠. 세조 때 집필을 시작하여 성종 대에 완성된 『경국대전』은 조선시대의 최고 법전으로 통치의 기준이 되었답니다. 이 같은 세조의 노력으로 조선은 성종 때 태평성대를 누리게 됐지요.

조선이 500년의 역사를 이어 갈 수 있도록 탄탄히 기틀을 다진 왕인 동시에 조카를 비롯해 자신의 자리를 위협하는 이들을

한국사 속 별별 제도

의정부서사제와 육조직계제

조선의 중앙 정치는 의정부와 6조를 중심으로 운영됐어요. 영의정, 좌의정, 우의정으로 이루어진 세 정승이 합의해 국정을 총괄하는 의정부 아래 국가 정책을 집행하는 6조가 위치하는 구조였지요. 의정부의 권한에 따라 조선의 정치 제도는 크게 의정부서사제와 육조직계제로 나뉘는데요, 의정부의 정승들이 6조의 업무를 심의한 후 임금에게 보고하는 의정부서사제에서는 정승의 권한이 강했어요. 반면에 육조직계제에서는 임금이 의정부를 거치지 않고 6조로부터 바로 국정을 보고받고 명령하였습니다. 왕이 직접 국정을 다스리면서 의정부, 즉 정승들의 권한이 축소되고 왕권이 강화되었지요.

잔인하게 죽인 세조. 반면 가장 정통성 있는 국왕이었지만 왕위 자리를 내주고 억울하게 죽어 간 단종. 어쩌면 둘의 생애는 인간 그리고 역사의 양면성을 가장 잘 보여 주는 조선사의 한 순간일지도 모르겠습니다.

이들을 단순히 선과 악이라는 기준으로만 바라보지 않았으면 좋겠어요. 단종의 삶이 안타깝지만, 세조가 국왕으로 즉위해서 거둔 업적도 함께 평가해야 하지 않을까요.

뒤틀린
부자 관계

7장 ◉ 흥선대원군 × 고종

흥선대원군

출생

아들 고종이 조선 26대 왕으로
즉위, 대원군으로 권력을 장악하다.

병인양요 발생, 프랑스군
침략에 맞서 승리하다.

1820 ----- 1852 ----- 1863 ----- 1866

고종

출생

왕이 명을 내려 전교하기를, "태공(太公, 흥선대원군)의 뜻을 받들었으니 금년 6월 22일에 내린, '모든 사무와 군사 업무를 태공께 나가 아뢰도록 하라.'고 한 전교를 다시 거두어들이라." 하였다.

— 『고종실록』 중에서

흥선대원군

제가 전하를 왕으로 만들기 위해 어떤 노력을 했는지 아십니까? 권세가의 개라며 비아냥대는 소리를 들으면서도 참았고, 아들을 왕으로 만들 수 있다는 말에 가족들의 반대를 무릅쓰고 아버지 묘까지 이장했습니다. 전하께서 왕이 되신 후에는 누구도 무시할 수 없는 강한 왕권을 만들어 드리려 온갖 궂은일을 도맡아 처리했죠. 그런데 저를 이렇게 내치시다니요!

고종

저를 위했다니요! 사실 모두 아버지 자신을 위해 벌이신 일이잖습니까. 왕의 권위를 바로 세워 주겠다고 하셨지만 정작 저를 가장 무시했던 사람은 바로 아버지 당신이십니다. 그리고 이제는 세상이 바뀌었습니다. 아버지의 방식으로는 조선을 이끌 수 없습니다. 문호를 개방하는 다른 나라들처럼 조선도 변해야 합니다.

신미양요 발생, 미국 해군과
강화도 전투를 벌이다.

사망

| 1871 | 1873 | 1897 | 1898 | 1919 |

대원군을 실권시키고
친정을 시작하다.

대한제국 선포,
황제로 즉위하다.

사망

두 얼굴의 흥선대원군 ————

19세기 조선은 세도정치가 기승을 떨쳤어요. 세도정치란 왕실의 근친이나 신하가 강력한 권세를 잡고 온갖 정사를 마음대로 하는 정치를 말해요. 이때는 왕의 외척으로 최고의 권력을 지녔던 안동 김씨 가문이 왕권을 제멋대로 휘둘렀지요. 정치에 문외한인 왕가의 청년이나 어린아이를 왕으로 즉위시켜 자신들의 꼭두각시로 삼았습니다. 권력을 유지하는 데 위협이 되는 왕족은 역모로 몰아 죽이거나 멀리 유배를 보냈고요. 왕족의 권위는 자연스레 땅에 떨어졌습니다.

흥선대원군은 세도정치가 정점이던 1820년에 태어났어요. 왕족임에도 양반과 외척들에게 무시당하며 자랐죠. 이를 단적으로 보여 주는 사건이 하나 있는데, 흥선대원군이 서원 앞을 불경스럽게 나귀를 타고 지나갔다는 이유로 젊은 시절 유생들에게 집단 구타를 당했던 일이에요. 온갖 수모를 겪으며 흥선대원군은 결심했을 거예요. 사회의 폐단을 없애고 왕실의 권위를 세우겠다고요. 안동 김씨가 천하를 호령하는 시대, 이런 속내를 드러내는 순간 해코지당하기 십상이었기에 흥선대원군은 철저히 본색을 감췄어요. 안동 김씨를 비롯한 권세가에 비굴할 정도로 고개를 숙이며 지냈죠. 동시에 그는 아들을 왕으로 만들고자 열과 성을 다했습니다. 세간에 떠도는 미신이나 소문도 허투루 넘기지 않았죠. 충청남도 예산 가야사의 절 자리가 2대에 걸쳐 왕을 배출하는 명당이라는 소문을 듣자마자, 흥선대원군은 전 재산을 털어 경기도 연천에 있던 아버지 남연군의 묘를 그곳으로 이장했습니다. 이때 형제들의 꿈에 한 노인이 나타나 묘를 이장하면 가만두지 않겠다고 호통쳤다고 하는데요, 형제들이 두려워하며 이장을 멈추자고 말했지만, 흥선대원군은 아랑곳하지 않았다고 해요. 오히려 이 땅이 얼마나 명당이면 꿈에 노인이 나왔겠냐며 웃어넘겼다고 하죠. 비슷한 일화가 하나 더 있어요. 인천 영종도 백운사(흥선대원군이 용궁사로 바꿈)에 있는 옥 부처가 영험하기로 유명하다는 소문을 들은 흥선대원군은 백운사에 10년 동안 머물며 아들이 왕이 되기를 빌었다고 해요.

앞으로는 권세가의 앞잡이 노릇을 하고 뒤로는 아들의 즉위를 준비하던 그에게 마침내 기회가 찾아왔어요. 1863년, 조선의 제25대 왕 철종은 32세의 나이에 후사를 남기지 않고 요절했습니다. 이 소식을 들은 흥선대원군은 곧바로 조 대비를 찾아갔죠. 조 대비는 조선의 제23대 왕이던 순조의 아들, 효명세자의 아내이자 헌종의 어머니로, 왕실의 가장 큰 어른이었어요. 하지만 남편과 아들을 일찍 여의고 안동 김씨의 등쌀에 숨죽여 지내고 있었죠. 조 대비는 조정에서 안동 김씨를 몰아내야 한다는 흥선대원

군과 뜻을 같이하던 인물로, 철종이 후사 없이 죽으면 흥선대원
군의 아들을 다음 왕위 계승자로 지목하겠다고 약속했죠. 이후
조 대비의 전폭적인 지지 아래 흥선대원군의 둘째 아들 명복이
왕위에 올랐습니다. 명복은 훗날 고종이 됩니다. 안동 김씨는 조
대비의 결정을 두 팔 벌려 환영했습니다. 자신들에게 머리를 조
아리던 흥선대원군의 평소 행실과 더불어 왕위에 오른 명복이
열두 살 어린아이라는 점에서 앞으로도 자신들의 뜻대로 국정을
운영할 수 있겠다고 생각했거든요.

개혁을 단행하다 ————

　하지만 상황은 안동 김씨의 예상과 달리 흘러갔습니다. 권력
을 잡은 흥선대원군은 이전의 비굴하던 모습은 온데간데없이 사
라지고 안동 김씨 세력을 척결하는 데 누구보다 앞장섰어요. 안
동 김씨를 비롯한 외척의 힘을 줄이고 왕권을 강화하기 위해 여
러 개혁을 단행했죠. 대표적인 정책이 비변사 기능을 축소한 거
예요. 비변사는 외침(外侵)에 대응하기 위해 중종 때 설립된 기관
으로, 주로 국방 문제를 맡아봤어요. 그러다 임진왜란 후 국정 전
반을 이곳에서 논의하면서 조선의 최고 정책 결정 기관이 됐죠.

세도정치기에 이르러서는 외척들이 비변사의 관직과 권력을 독점하며 국정을 마음대로 주물렀고요. 이에 흥선대원군은 비변사의 정치·군사 기능을 각각 의정부와 삼군부라는 기관에 분배해 외척들의 권력을 약화시켰죠.

백성을 괴롭히던 지배층의 폐단도 바로잡았습니다. 조선에는 환곡제라는 구휼 정책이 있었어요. 국가기관이 봄에 백성에게 곡식을 빌려주고, 추수하는 가을에 빌려준 곡식과 약간의 이자를 거두던 제도였죠. 하지만 세도정치기에 환곡제는 관리들이 백성에게 억지로 곡식을 빌려주고 폭리를 취하는 고리대금업으로 변질된 지 오래였어요. 이에 흥선대원군은 국가가 아닌 민간 주도로 곡식을 빌리고 갚을 수 있는 사창제를 실시하여 문제를 해결하고자 했답니다.

국가 재정을 확보하기 위해 서원 철폐도 추진했어요. 그 당시 서원은 나라에 세금을 내지 않았어요. 조선이 인재를 중시하는 나라였기에 성리학 교육기관인 서원에 세금 면제라는 혜택을 준 것이었죠. 하지만 세도정치기에 이르러 서원은 본래의 목적을 상실했어요. 파벌을 이루어 자기 붕당과 가문의 이익을 얻기 위한 근거지가 됐고, 탈세 같은 불법적인 일이 만연했죠. 이에 흥선대원군은 전국에 있던 600개의 서원 중 47개만 남기고 모두 없앴습니다. 이뿐만 아니라 양반과 양반만큼 권세를 누리던 지방 토호들이 토지대장에서 누락시킨 땅을 찾아내 세금을 부과하고, 평민에게만 부과되던 세금인 군포를 양반에게도 부과하는 호포제를 실시했어요. 이 덕분에 국고는 빠르게 채워졌고, 백성들은 조세 부담이 줄어들어 기뻐했죠.

그리고 흥선대원군은 자신이 추진한 개혁들을 포함한 조선의 각종 조례들을 정리해 책으로 편찬했어요. 이 책이 바로 조선의 마지막 통일 법전인 『대전회통』이랍니다.

내부적으로 다양한 개혁을 꾀했던 흥선대원군이지만 대외적인 정책에서는 폐쇄적인 태도를 고수했어요. 그는 통상 수교를 거부하는 정책을 강력히 주장하며 다른 나라와의 외교 관계나 교역을 허용하지 않았어요. 서양과는 화친할 수 없다는 내용이 담긴 척화비를 전국 곳곳에 세워 자신의 결심을 만백성에게 보여 주었죠. 흥선대원군은 이런 자신의 노력이 고종에게 도움이 됐다고 생각했을 겁니다. 고종도 자신의 노고를 인정하고 고맙게 여길 것이라 자신했겠지요.

왕보다 높은 권력 ————

1863년, 열두 살에 왕이 된 고종은 모든 게 두렵기만 했을 거예요. 왕이라고는 하지만 궁궐보다 어머니의 품이 더 좋을 나이 니까요. 하지만 흥선대원군은 그런 고종의 마음을 헤아리기는커 녕 왕으로서 갖춰야 할 덕목을 가르치는 데만 급급했어요. 늘 엄 격한 자세로 고종을 대했죠.

자신을 대신해 나랏일을 결정하는 아버지의 영향 아래 고종은 의견을 마음껏 펼치지 못했어요. 결혼 또한 마찬가지였죠. 흥선 대원군은 여흥 민씨 집안의 한 여자아이를 며느릿감으로 택했습 니다. 자기 아내와 같은 집안인 데다 아버지를 일찍 여의어 안동 김씨 가문처럼 세도정치를 행하지 않을 거라고 판단했기 때문이죠. 그는 자택인 운현궁에서 둘의 가례를 진행하게 했습니다. 일반적으로 가례는 왕이 머무는 궁궐에서 치러졌어요. 하지만 고종이 머무르던 궁궐이 아닌 운현궁에서 가례가 치러졌다는 것만 봐도 그 당시 흥선대원군의 위세가 얼마나 대단했는지 느껴지지 않나요? 왕보다 왕의 아버지가 더 큰 권력을 쥐었던 것이죠.

아버지의 그늘에서 벗어나다 ————

성인이 된 고종은 흥선대원군에게서 독립해야 진정한 조선의 왕이 될 수 있다고 생각했어요. 그도 그럴 것이, 사람들이 조선을 고종의 나라가 아닌 흥선대원군의 나라라고 생각할 정도로 흥선대원군의 독단이 심해졌기 때문이에요. 예를 들어 1865년에는 흥선대원군의 주도하에 임진왜란과 병자호란으로 불탄 경복궁을 고쳐 짓는 데 필요한 자금을 충당하기 위해 양반을 비롯한 백성들로부터 기부금(원납전)을 거두어들였으며, 평민들을 강제로 노역에 동원하여 백성들의 삶에 부담을 주기도 했어요. 부정부패도 만연했고요. 결국 고종은 아버지를 실각시키기로 결심합니다.

때마침 흥선대원군의 정책을 비판하며 고종이 직접 국정을 이끌어야 한다는 최익현의 상소가 올라왔어요. 최익현은 서원 철폐와 경복궁 중건을 비롯한 흥선대원군의 정책에 꾸준히 반대의 목소리를 낸 문인으로, 그 당시 유생들로부터 큰 지지를 받는 인물이었죠. 이런 최익현의 상소는 고종이 흥선대원군을 끌어내릴 수 있는 명분을 제공했어요. 여기에 흥선대원군의 통상 수교 거부 정책에 반감을 품은 개화파가 고종에게 힘을 실어 주었어요. 결국 흥선대원군은 집권 10년 만인 1873년, 왕보다 높았던 권력의 정점에서 내려오게 됩니다.

이후 고종은 흥선대원군과 뜻을 같이한 관료들을 내보냈어요. 그리고 일본과의 수교를 적극적으로 주장하던 박규수를 의정부 우의정에 임명하는 등 개화파 인사들을 대거 등용했죠. 곧이어 군사 기관 삼군부도 폐지했습니다. 흥선대원군이 집권하는 동안 이곳은 국가기관이 아닌 흥선대원군의 사적 군대나 다름없었거든요. 그 대신 고종은 무위소라는 군대 조직을 신설했어요. 여기에 자신을 지지하는 개화파 등을 적극적으로 등용했죠.

고종은 흥선대원군이 고수한 통상 수교 거부 정책이 아닌 개화 정책으로 조선을 바꾸고자 했어요. 청나라와 일본 등 이웃 나라가 문호를 개방해 서양과 수교를 맺는 걸 보면서 조선도 더는 개방을 피할 수 없다고 생각했던 것이죠. 더불어 그 당시 조선에는 지식인을 중심으로 개화의 목소리가 커지고 있었어요. 청나라에서 세계 지리서 『영환지략』 같은 책이 들어와 널리 퍼지며 서양과 수교해 조선의 발전을 도모해야 한다고 주장하는 개화파를 중심으로 말이죠.

하지만 대외 정책을 바꾸는 큰 사업을 진행하기에는 시간과 인재 모두 부족했습니다. 그 와중에 일본이 군함 운요호를 앞세워 조선을 위협하며 수교를 요구하자, 고종과 조정은 제대로 된 검토 없이 조약을 맺기 바빴죠. 이것이 바로 우리나라가 외국과 맺은 최초의 근대적 조약이자 불평등조약인 강화도조약이에요. 조약에 따라 조선은 부산, 인천, 원산 세 개의 항구를 개항하게

한국사 속 별별 조약

강화도조약

강화도조약은 1876년 2월 일본과 조선이 체결한 조약으로, 정식 명칭은 조일수호조규예요. 인천 강화도에 있던 지방 관아 강화부에서 체결한 조약이어서 통상적으로 강화도조약이라고 일컫죠. 강화도조약은 일본의 강압적인 위협으로 맺어진 불평등조약이에요. 조선에 불리하고 일본에 유리한 규정이 다수 포함돼 있죠. 일본이 조선의 해안을 자유로이 측량하는 것을 허용하고(제7관), 다른 나라의 영토 안에 있으면서도 그 나라 국내법의 적용을 받지 않는 권리인 치외법권을 인정해 일본인들이 조선에서도 일본법에 의해 보호받을 수 있게 한(제10관) 조항 등이 대표적이랍니다. 그후 조선은 미국·영국 등 서양과도 차례로 수호 통상 조약을 체결하며 문호 개방을 확대했어요. 하지만 서양과 맺은 조약도 치외법권을 인정한 불평등 조약이었답니다.

됐죠. 하지만 섣부른 개항은 사회에 혼란을 불러왔어요. 사람들은 서구 문물을 배척하는 척화와 수용하자는 개화로 나누어졌고, 개화파도 서구 문물을 수용하는 속도와 범위를 두고 급진 개화파와 온건 개화파로 나뉘어 대립하게 됐죠.

어쩌면 우리나라의 파란만장했던 근대사는 뜻이 다른 이 부자로부터 비롯됐을지도 모르겠네요. 흥선대원군과 고종이 뜻을 함께하여 정치를 펼쳤더라면 어땠을까요? 물론 역사에 '만약'은 없지만 말이에요.

2부

서로 다른 소신의 충돌,
같은 일을 두고 갈린 선택

8장 ◉ 이순신 × 원균

임진왜란 속 혼란의 바다에서

이순신		출생	전라좌수사로 임명받고, 일본의 침략에 대비해 해군 전력을 강화하다.
	1540	1545	1591
원균	출생		

이순신은 사람됨이 충용(忠勇)하고 재략(才略)도 있었으며 기율(紀律)을 밝히고 군졸을 사랑하니 모두 즐겨 따랐다. 이전 통제사 원균은 비할 데 없이 탐학(貪虐)하여 크게 군사들의 인심을 잃고 사람들이 모두 그를 배반하여 마침내 정유년(1597년) 한산의 패전을 가져왔다.

—『선조실록』 중에서

원균

내 비록 칠천량 전투에서 패하기는 했지만, 전 수군을 이끄는 중책을 맡아 최선을 다하였소. 내가 바다에서 일본 수군에 맞서 싸워 온 사실은 그 누구도 부정할 수 없소이다. 무관으로 임명된 순간부터 지금까지 조선을 위해 이 한 몸 바쳐 열심히 일한 노고를 인정하여 국왕께서도 공신에 선정한 것 아니겠소.

군대를 통솔하는 지휘관이라면 모름지기 전쟁 상황을 넓고 깊게 파악할 줄 알아야 하는데, 장군은 항상 한 치 앞만 보고 행동하셨습니다. 수많은 병사들의 목숨과 백성들의 안위보다 본인의 승진을 더 중요시하셨고요. 칠천량해전을 말씀하셨지요? 만약 그때 장군께서 병사들을 생각하고 참모들의 의견을 받아들이셨다면 조선 수군이 이리 궤멸하지는 않았을 것입니다.

이순신

임진왜란이 발발, 옥포해전과 사천해전, 한산도대첩에서 대승을 거두다.

노량해전에서 왜군 격퇴 중 전사하였다.

1592 — **1597** — — **1598**

임진왜란 초기 전투에 참전하여 이순신과 갈등을 빚다.

칠천량해전에서 대패하며 전사하였다.

위기의 조선 ————

　15세기 조선은 나라 안팎으로 여러 위기에 직면했어요. 기존 권력층이던 훈구파의 부정부패로 백성들의 삶은 나날이 피폐해 져만 갔고 국정 또한 제대로 운영되지 않았지요. 중앙 정계에 새 롭게 진출한 사림파가 훈구파를 밀어냈지만 나라를 운영하는 방 법을 두고 동인과 서인으로 갈라져 대립하면서 실질적으로 나라 에 도움이 되는 정치를 펼치지 못했고요. 반면에 옆 나라 일본에 서는 도요토미 히데요시가 100년간의 내전을 끝내고 나라를 통 일합니다. 야심에 부푼 도요토미 히데요시는 중국 대륙으로 눈을 돌렸고, 조선 정부에 명나라를 치는 데 필요한 길을 내어 달라는 정명가도를 요구했어요. 그 의도는 조선을 자신들의 속국으로 만 들겠다는 것이었죠. 조선이 제안을 단호히 거절하자 1592년(선조 25년)에 조선을 침략했어요. 한반도 전역을 쑥대밭으로 만든 임 진왜란의 시작이었죠.

　초반의 전세는 일본에 유리했습니다. 전쟁을 대비하지 못한 조선의 군대는 속수무책으로 무너졌는데, 전쟁이 발발한 지 한 달이 채 안 돼서 선조가 수도 한양을 버리고 평안도 의주로 피난 갔을 정도였지요. 하지만 나라를 지키기 위해 곳곳에서 의병이 일어나고 수군이 활약하면서 임진왜란의 판도는 서서히 바뀌었어요. 조선 수군의 중심에는 우리가 너무도 잘 아는 명장 이순신이 있었죠.

준비된 무관 이순신 ─────

이순신은 1545년 한양 건천동(현재 중구 인현동)에서 태어났습니다. 오늘날 이 근방을 이순신의 시호, 충무를 따 충무로라고 일컫지요. 시호란 국가에 큰 공을 세운 관료나 장군에게 내린 호를 일컬어요. 이순신은 결혼 후 27세라는 늦은 나이에 무과에 도전했다가, 말에서 떨어지는 사고로 다리가 부러져 낙방하고 말았어요. 여기서 포기하지 않고 무예 실력을 닦은 후 무과에 재도전해 31세의 나이로 합격했고요. 방어에 필요한 함경도 험지를 살피는 무관, 무예 연습과 병서 강습 따위를 맡아보던 관아였던 훈련원 관리 등을 거치며 승진하던 이순신은 자신보다 더 높은 지위의 병조 정랑이 지인에게 특혜를 주려는 것에 반대하다 미움을 사 충청도의 군관으로 좌천됩니다. 이후에도 잘못된 관행과 비리를 지적한 일로 상관의 미움을 받아 좌천됐다가 뛰어난 실력을 인정받아 승진하기를 여러 번 반복했지요. 그의 대쪽 같은 성격이 어느 정도 짐작되지 않나요?

1591년 2월, 전라좌도의 수군절도사로 부임한 이순신은 수군을 통솔하며 일본군의 침략에 대비해 신무기를 만들고 병사들을 훈련시켰습니다. 부임 초반에는 일본의 낌새가 수상하니 방비를 철저히 하라는 조정의 명이 있었기에 병사들의 반발이 없었어요. 그런데 통신사로 일본에 다녀온 김성일이 전쟁은 없을 거라고 단언하면서 상황이 급변합니다. 조정에서도 더 이상 전쟁을 대비할 필요가 없다고 본 거예요. 하지만 이순신의 생각은 달랐습니다. 혹시라도 있을 일본의 침략을 대비해 군대를 계속 정비해야 한다고 봤죠. 그는 병사들을 설득해 훈련을 이어 갔고 군함을 제작했습니다. 이게 얼마나 어려운 일인지 생각해 볼까요?

사람은 본능적으로 편한 걸 찾고 안락한 상태에 끌려요. 아마 병사들도 '나라님이 괜찮다는데 저 장군은 왜 저리 유난일까?'라며 불평불만을 쏟아 냈을 테죠. 그럼에도 이순신이 소신을 굽히지 않은 덕분에 조선 수군이 일본군에 맞설 기반을 마련할 수 있었답니다.

이순신과 원균의 차이 ————

임진왜란 당시 조선 수군을 이끈 장군 중 이순신만큼 유명한 인물로 원균이 있습니다. 이순신과 다른 의미로 유명하지만요. 원균은 여진족을 토벌한 공로를 인정받아 임진왜란이 발발하기 3개월 전 경상우도의 수군절도사로 부임했습니다. 부임 기간이 짧아서일까요? 1592년 4월 13일, 임진왜란이 발발하자 원균은 출전하려고 했으나 병력이 모이지 않자, 군수 창고와 군함을 불태우고 네 척의 배만 가지고 도망쳤어요. 열세인 상황에서 일본군을 상대하다 전함을 빼앗길 것을 우려한 결정이었겠지만, 원균이 수십 척의 판옥선과 함께 후퇴하여 전라도에 있던 이순신과 힘을 합쳤으면 좋았을 텐데 하는 아쉬움이 남기도 해요.

원균에게 지원을 요청받은 이순신은 일본군의 전력을 분석해 그해 5월 2일 5,000명의 수군과 판옥선 스물네 척을 이끌고 첫 출전에 나섭니다. 통영에서 원균이 지휘하는 네 척의 배와 합류한 뒤, 오늘날의 거제 옥포 앞바다에서 일본군의 배 수십 척을 격침하며 승리를 거뒀지요. 이후 이순신은 일본 수군을 상대로 잇따라 승전보를 울리며 빼앗긴 해상권을 되찾아왔어요.

사실 이순신과 원균은 합이 잘 맞지 않았어요. 이순신이 "적군의 머리를 얻기 위해 노력하지 마라. 적의 배를 한 척이라도 더 부수고 적군을 한 명이라도 더 죽이기 위해 노력하라. 너희들의 공로는 내가 다 보고 알고 있다."라며 병사들이 전투에 전념하도록 독려했던 것과 달리, 원균은 공적을 높이기 위해 바다에 죽어

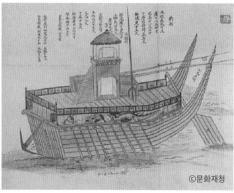

©문화재청

(좌)충무공 종가에 전해 내려오는 거북선 그림. 정식 명칭은 귀선(龜船)으로
　　임진왜란 때 이순신이 만들어 왜군을 무찌르는 데 크게 이바지했다.
(우) 방패판 위에 덮개를 덮어 판목 구조를 만든 판옥선.

떠다니는 일본군의 머리를 베어 취하는 데 여념이 없었거든요.

　　일본 수군과 조선 수군이 격돌한 한산도대첩에서도 마찬가지

였습니다. 140여 척의 함선을 가진 일본 수군은 60여 척의 함선

을 가진 조선 수군을 우습게 봤어요. 일본 장수 와키자카는 승리

를 자신하며 자신만만하게 73척의 배로 조선 수군을 향해 공격

했어요. 이때 원균은 정면 승부를 제안합니다. 하지만 이순신은

좁고 암초가 많은 거제 견내량에서 대규모의 일본 함대와 싸우

는 것은 불리하다며 원균의 제안을 기각했어요. 그 대신 인근 한

산도 앞으로 일본군을 유인하는 작전을 펼쳐 일본 함선 대부분

을 격침하는 대승을 거뒀죠. 그 와중에 원균이 한산도에 고립된

와키자카를 제대로 포위하지 못해 놓치는 사건이 발생하는데, 이를 두고 이순신은 저서 『난중일기』에 '원균은 기본적인 병법조차 모르는 것 같아 안타깝다.'라는 기록을 남겼답니다.

둘 사이 갈등의 골이 깊어진 것과 별개로 한산도대첩은 임진 왜란의 판도를 완전히 뒤바꿔 놓았습니다. 바닷길이 끊긴 탓에 일본 본토에서 군량과 무기를 보급받지 못한 일본군이 평양 너머로 진격하지 못했거든요. 때맞춰 전국 각지에서 의병이 일어나 활약하고, 조선과 명나라 연합군이 평양을 탈환하면서 일본군의 기세가 크게 꺾였죠. 이후 일본은 명나라에 휴전을 위한 강화회담을 제의하게 됩니다.

이순신의 고난

강화회담이 치러지는 동안 조정은 모든 수군을 관리 감독하는 직책인 삼도 수군통제사를 새로이 만들었어요. 이순신과 원균이 사사건건 충돌해 일사불란한 작전 수행이 어렵다는 점을 고려한 결과였지요. 조정은 이순신을 삼도 수군통제사로 임명하고 원균을 충청절도사로 부임시켜 둘을 떨어뜨려 놓았답니다. 이 과정에서 원균은 자신보다 어린 데다 후배인 이순신이 더 높은 직급에 오른 것에 불만을 품게 됐어요.

1597년, 명나라와의 휴전 협상이 결렬되자 일본은 다시금 전쟁 준비에 나섭니다. 우선 전쟁의 가장 큰 걸림돌인 이순신을 제거할 계획을 세웠죠. 이중 첩자를 통해 일본군에 대한 거짓 정보를 조선 조정에 흘린 거예요. 선조는 이를 철석같이 믿고 이순신에게 부산으로 출정해 일본군 선봉장을 죽일 것을 명했어요. 하지만 이순신은 함선이 정박할 마땅한 섬도 없는 상황에서 출정했다가, 부산과 대마도에 주둔한 일본 수군으로부터 앞뒤로 공격을 받으면 큰 피해를 볼 것이라며 선조의 명령을 따르지 않았지요.

명령에 따르지 않는 것에 분노한 선조는 이순신을 파직시키고 그 자리에 원균을 앉히고자 마음먹어요. 그러기 위해 원균이 충청절도사로 있을 당시 일본 수군에 맞서 승리한 점 등을 내세우며 수군통제사를 교체하겠다는 뜻을 비쳤죠. 여러 관료가 이를 말리고 나섰지만 선조의 뜻을 꺾을 수는 없었어요. 결국 이순신은 파직돼 한양으로 압송됐고, 투옥되어 혹독한 문초를 받았지요. 이 과정에서 죽을 위기에까지 처하지만, 간신히 목숨을 부지해 벼슬 없이 군대를 따라 싸움터로 가는 백의종군(白衣從軍) 처벌을 받게 됩니다.

원균의 최후 ─────

　이순신의 뒤를 이어 삼도 수군통제사로 부임한 원균은 어땠을까요? 수군의 지휘관이 된 그는 이순신의 결정이 탁월했음을 뒤늦게 깨달았어요. 원균도 출전을 차일피일 미루었지만, 선조의 독촉에 어쩔 수 없이 수군을 이끌고 부산 다대포로 진격했습니다. 그 과정에서 일본 함선 열 척을 격침시켰지만 그 대가로 판옥선 서른 척을 잃고 돌아왔지요. 이에 전쟁 발발 시 군사에 관한 일을 통괄하던 임시 무관 벼슬직인 도원수 권율이 곤장형을 내리자 화가 난 원균은 술을 마시고 모든 함대를 끌고 부산 앞바다로 향했어요. 군관들이 원균의 무리한 명령에 항의했지만 소용이 없었지요. 그 결과 정작 일본군과 맞닥뜨렸을 때 조선 수군은 기나긴 행군으로 노를 저을 힘조차 남아 있지 않았습니다. 엎친 데 덮친 격으로 원균이 일본군의 유인 작전에 속아 넘어가면서 많은 병력과 함선을 잃고 말아요.

　이때라도 남은 병력을 데리고 한산도에 있는 군영으로 돌아왔다면 괜찮았을 텐데, 원균은 또다시 실수를 범합니다. 거제도와 칠천도 사이의 칠천량 해협에서 하룻밤을 보내기로 한 거예요. 일본군이 이를 가만히 두고 볼 리 없겠죠? 뒤쫓아 온 일본군은 조선 수군을 에워싸기 시작했어요. 군관들이 한시바삐 후퇴해야 한다고 이야기했으나 원균은 이들의 말을 무시했어요. 혼란을 틈타 경상우수사 배설이 자기라도 살겠다며 열두 척의 판옥선을 가지고 도망가 버려요. 결국 임진왜란 발발 이후 한 번도 패배하지 않았던 무적의 조선 수군은 전멸하고 말았어요.

원균 또한 이 칠천량해전에서 사망했습니다. 치열하게 적과 싸우다 전사한 게 아니라 해전에서 패한 후 도망치다 오늘날의 고성 인근에서 죽었다고 하죠. 그 당시 재상 유성룡은『징비록』에 "원균은 배를 버리고 언덕으로 기어올라 달아나려고 했으나 몸이 비대하여 소나무 밑에 주저앉고 말았다. 혼자서 도망치던 원균이 왜적에 죽었다고도 하고 죽음을 모면했다고도 하는데 정확한 사실은 알 수 없다."라며 원균의 최후를 설명했어요.

불멸의 영웅 이순신 ————

조선 수군이 전멸하자 일본군은 거침없이 수도 한양으로 북진했어요. 일본군이 북상한다는 소식을 듣고 불안해진 선조는 이순신을 다시 삼도 수군통제사로 임명했습니다. 선조가 미울 법도 한데 이순신은 어떤 불평불만 없이 수군통제사 자리를 받아들였어요. 오롯이 나라와 백성을 위한 선택이었죠. 우선 이순신은 병력과 군량을 모으는 데 주력했습니다. 이 과정에서 배설이 가지고 도망친 판옥선 열두 척을 확보해요. 그렇게 무너진 조선 수군을 재건하는 도중 조정으로부터 수군은 더 이상 승산이 없으니 육군에 합류하라는 청천벽력 같은 명령이 내려옵니다. 이에 이순신은 그 유명한 "신에게는 아직 열두 척의 배가 있사옵니다."라는 대답을 내놓으며 전투에서 반드시 승리하겠다는 의지를 불태웠지요.

이순신이 해전을 펼칠 장소로 택한 곳은 진도의 울돌목, 명량

『징비록』

유성룡이 『시경』의 '미리 징계해 후환을 경계한다'라는 구절인 '징비'를 제목으로 삼아 선조 25년부터 31년까지 7년 동안에 걸친 임진왜란의 원인, 전개 과정, 전황 등의 수난상을 기록한 서적으로 1633년(인조 11) 유성룡의 아들 유진이 『서애집』을 낼 때 수록했다가, 10년 후 16권으로 간행했다. 숙종 때 일본 유출 금지 품목이었던 『징비록』은 임진왜란 전후의 상황을 이해하는 데 귀중한 사료로 인정되어 국보로 지정되었다.

ⓒ문화재청

이었어요. 울돌목은 폭이 매우 좁은 데다 물살이 거세고 빨리 변해, 지형의 특징을 모르면 배를 통제하는 것조차 쉽지 않은 해협이었거든요. 그러니까 지형을 활용해 수적 열세를 극복하고자 한 것이지요. 1597년 9월 16일, 133척의 함선을 거느린 일본 수군이 명량에 도착했습니다. 이에 맞서는 조선의 함선은 배설을 통해 확보한 열두 척에 한 척을 더한 열세 척의 판옥선뿐. 누가 봐도 조선의 패배가 당연한 상황이었지만, 이순신이 이끄는 조선 수군은 한 척의 판옥선도 잃지 않은 채 일본 함선 서른한 척을 격침시키며 대승을 거두었어요. 이것이 그 유명한 명량대첩이랍니다. 이 명량대첩으로 조선은 해상권을 되찾으며 일본군의 북진을 막아 냈죠. 이에 힘입어 육지에서도 조명 연합군이 활약하기 시작하면서 전세는 일본에 불리하게 돌아갔어요. 그러던 1598년, 도요토미 히데요시가 병으로 세상을 떠나면서 구심점을 잃은 일본군은 퇴각하기로 합니다.

이순신은 이들을 그냥 돌려보내면 언젠가 또다시 침입할 것이라며 명과 힘을 합쳐 마지막 해전을 준비합니다. 퇴각로를 막은 후 오늘날 남해와 하동 사이에 있는 노량 앞바다에서 500척의 일본 함선 중 450여 척을 격침시키며 일본군을 섬멸했죠. 이것이 노량해전입니다. 그렇게 7년간의 기나긴 임진왜란은 끝을 맺지만, 안타깝게도 이순신은 노량해전 중 일본군이 쏜 탄환을 맞아

숨을 거두고 말았지요. 이 소식에 백성들은 마치 부모를 잃은 양 마음 깊이 슬퍼했답니다.

임진왜란 이후 이순신은 원균과 함께 일등 공신으로 선정됐어요. 나라를 여러 번 구한 명장 이순신과 아군을 위기에 빠뜨리고 도망간 원균이 같은 공신으로 책봉된 것이 이해하기 어렵죠? 그것은 자기보다 백성들이 이순신을 좋아하는 것에 불만을 가진 선조의 입김이 작용했기 때문이에요. 하지만 정조를 비롯한 후대의 왕들은 이순신의 업적을 칭송하며 무관의 본보기로 삼았습니다. 반면에 원균은 선조에게 공로를 인정받았으나 후대에 무능하고 탐욕스러운 장수로 기억됐어요. 이순신과 원균을 향한 평가는 지금도 크게 다르지 않지요. 조선시대부터 지금까지 이순신을 위대한 인물로 평가하는 이유는 무엇일까요? 두 지휘관의 삶을 비교하며 고민해 보길 바랍니다.

전쟁이냐 항복이냐

9장 ◉ 김상헌 ╳ 최명길

김상헌	출생		병자호란 발발. 척화파로 항복을 강하게 반대하였다.
	1570	**1586**	**1636**
최명길		출생	주화파로 현실적인 외교의 필요성을 주장했다.

김상헌이 아뢰기를 "지금 (청나라에) 사죄한다 하더라도 어떻게 그 노여움을 풀겠습니까. 끝내는 따르기 어려운 요청을 해 올 것입니다." (중략) 이에 최명길이 아뢰기를 "일단 한('칸'을 한자음으로 나타낸 말로 청나라의 태종)이 나온 이상 대적하기가 더욱 어려운데, 대적할 경우 반드시 망하고 말 것입니다."라고 하였다.

— 『인조실록』 중에서

김상헌

치욕스럽게 삶을 구걸하는 것은 죽는 것만 못하다네. 조선을 지탱한 가치와 원칙을 어찌 이리 쉽게 버리려 하오? 제대로 싸워 보지도 않고 지레 겁을 먹어 청나라에 머리를 조아리다니! 항복하고 세자 저하를 볼모로 보내자는 자네의 주장에는 절대 동의할 수 없네.

최명길

원리 원칙에 얽매이다 목숨을 잃는 것만큼 허망한 일이 또 있겠습니까? 산성 안의 전력은 바깥의 청나라군과 비교할 수 없을 정도로 차이가 납니다. 이 상황에서 청나라에 맞서 싸우는 것은 스스로 목숨을 버리는 것과 다름없습니다. 치욕스러울지언정 항복 문서를 보내 지금의 위기를 모면하고 훗날을 도모해야 합니다.

'반청 혐의자'로 청나라에 끌려가 감금 생활을 하다.

사망. 죽을 때까지 청나라에 대한 반감을 유지하였다.

1637 - - - - - - - 1640 - - - - - - - - - - - 1647 - - - - - - - 1652 - - - - - -

항복 이후에도 조선의 외교 관계를 안정시키기 위해 노력하다.

현실적인 외교정책을 펼쳤으나 강경파들에게 비판받음. 사망.

광해군에 반발한 김상헌과 최명길 ──────

임진왜란 이후 조선과 명나라의 국력이 크게 약해진 것과 달리 누르하치가 이끄는 여진족은 후금을 건국하며 동북아시아의 강자로 빠르게 성장했어요. 이에 광해군은 명과 후금 사이에서 균형을 맞추는 중립 외교를 펼치고 대동법을 실시하는 등 전쟁 복구에 힘썼어요. 그러나 민가 수천 채를 철거하고 궁궐을 지었으며 동생 영창대군을 죽이고, 인목대비를 유폐했다는 이유로 1623년 서인이 일으킨 인조반정으로 쫓겨나요. 이번 장의 주인공 김상헌과 최명길은 서인으로 광해군의 잘못된 행동을 지적하고 바로잡으려다 불이익을 당했다는 점에서 공통점을 가지고 있어요.

임진왜란 당시 관직에 오른 김상헌은 나라를 생각하는 마음이 누구보다 깊었어요. 백성에게 도움이 되는 일이면 어떤 직책과 임무도 거절하지 않았는데, 모두가 기피하는 함경도와 제주도 같은 오지로 파견을 나갈 정도였죠. 대쪽 같은 성격으로 권력자 앞에서도 직언을 거침없이 내뱉기로 유명했고요. 이 때문에 광해군에게 미운털이 박혀 여러 차례 파직당했지요. 김상헌이 다시금 정계에 발을 디딘 건 인조반정 이후였습니다. 반정에 참여하지는 않았지만 광해군과 대북 세력(광해군 대 집권 세력)을 당당하게 비판하던 모습을 인정받아 서인의 중심인물로 떠올랐거든요. 관직에도 복귀하여 대사간이나 부제학 같은 요직을 역임했죠. 대사관은 조선시대에 국왕에 대한 간쟁과 논박을 담당한 사간원의 으뜸 벼슬이고, 부제학은 궁중의 문서를 관리하고 임금의 자문을 맡아보던 홍문관의 주요 직책이랍니다.

최명길은 선조 말년인 1605년에 소과와 대과 모두에 합격해 세상을 떠들썩하게 만들었던 천재였어요. 하지만 광해군 집권 당시 죄가 없는 유생을 대변하다 대북 세력의 우두머리였던 이이첨의 미움을 받아 관직을 박탈당했죠. 최명길은 이후 몇 년간 벼슬길에 나서지 않았답니다.

그런 그를 바꾼 사건이 일어났으니, 광해군이 의붓어머니인 인목대비를 유폐시킨 일이었어요. 최명길은 이 같은 패륜을 저지른 광해군이 더 이상 국정을 이끌 자격이 없다고 판단하고 인조반정에 가담합니다. 반정에서 활약한 공로를 인정받아 인조 즉위 후 주요 관직에 임명됐죠. 이때 그는 조세 감면 같은 개혁 정책을 강력하게 주장했는데요, 백성들이 겪는 문제를 해결하기 위해서는 성리학에 입각한 명분보다 실리적인 조치가 중요하다고 생각했기 때문이에요. 인조는 이런 그의 가치관이 퍽 마음에 들었던 모양입니다. 최명길을 이조판서와 병조판서 등 주요 관청의 수장으로 임명하여 중요한 일을 맡겨요.

정묘호란에 대처하는 각자의 방식 ─────

중국 대륙 정복을 꿈꾸던 후금은 명나라와 친하게 지내는 조선을 탐탁잖아 했어요. 그러던 중에 이괄의난을 일으킨 잔당이 후금으로 건너와 광해군이 부당하게 폐위되었다고 주장하자, 이를 빌미로 삼아 1627년 조선을 침략했죠. 이 전쟁을 정묘호란이라고 해요. 사실 인조반정의 부당성은 조선을 침략하기 위한 대외적인 명분일 뿐 실제로는 조선을 자신들의 발밑에 굴복시키려는 의도였어요.

그 당시 김상헌은 명나라 황제의 생일을 축하하기 위해 명나

한국사 속 별별 사건

이괄의난

인조반정에 가담한 무신 이괄이 1624년에 일으킨 반란이에요. 이괄은 자신이 반정에 뒤늦게 합류한 사람보다 낮은 등급의 공신으로 채택된 것에 불만을 품었는데요, 얼마 뒤 조정에서 역모를 꾸민다는 고발이 들어왔다며 아들을 잡아가려 하자 반란을 일으켰어요. 평안도에서 군사를 이끌고 내려와 한양을 점령하고는 선조의 아들인 흥안군을 왕으로 추대했죠. 하지만 부하의 배신으로 이괄이 목숨을 잃으면서 반란은 실패로 돌아갔답니다. 이때 살아남은 이괄의 부하 중 일부는 후금으로 도망쳐 인조반정의 부당함을 주장했어요.

정묘약조

1627년(인조 5년) 정묘호란을 일으킨 후금이 인조가 강화도로 들어가 항전의 뜻을 비추자, 강홍립을 강화도에 보내 화의를 요청해요. 조선 정부도 화의를 주장한 최명길의 주장을 받아들여 '후금의 군대가 평산을 넘지 않고, 철병 이후 압록강을 넘어서지 않는다. 양국은 형제국으로 칭하며 조선은 명나라에 적대하지 않는다' 등 조선에 불리하지 않은 내용으로 약조를 맺어요.

라에 사신단으로 있었는데요, 정묘호란이 터졌다는 소식에 서둘러 명나라에 원군을 요청했어요. 그러나 김상헌의 노력이 무색하게 조선은 전쟁 발발 두 달 만에 후금과 강화조약을 맺었어요. 이를 정묘약조라고 부릅니다. 이 모습에 크게 실망한 김상헌은 귀국 후 관직에서 물러나 낙향합니다.

사실 조정이 이토록 빠르게 후금과 강화조약을 맺은 데에는 최명길의 역할이 컸어요. 인조가 급하게 강화도로 피신해야 할 만큼 상황이 어려워지자 그는 후금과의 화친을 주장했습니다. 후금을 저급한 오랑캐로 보던 당대의 사회상을 고려하면 파격적인 주장이었죠. 자칫하면 관직에서 쫓겨날 수도 있었고요. 다행히 인조는 최명길의 편을 들어주었습니다. 전쟁을 빨리 끝내 피해를 최소화하는 게 중요하다는 최명길의 뜻에 동의한 거예요.

후금을 형제국으로 인정하지만 명나라와의 우호적인 관계도 유지한다는 내용의 정묘약조는 조선 입장에서는 손해볼 것이 없는 퍽 훌륭한 외교 성과였답니다. 그럼에도 불구하고 최명길은 후금과의 화의를 주장했다는 이유로 탄핵을 받게 됩니다. 이에 스스로 관직에서 물러나지만, 인조의 부름에 다시금 조정으로 돌아왔죠.

병자호란의 발발 —————

정묘호란을 통해 조선은 후금보다 군사적으로 열세라는 사실을 뼈저리게 깨달았어요. 명나라를 정벌해 중국 본토를 차지하려는 후금의 야심도 확실히 알게 됐죠. 그렇다면 명나라와 후금의 싸움에 속수무책으로 휘말리지 않도록 외교 관계를 원만히 유지하며 국방력을 강화해야 할 텐데⋯. 안타깝게도 조정의 관료들은 후금과 화친을 맺은 것이 치욕스럽다며 이 모욕을 되갚아 주자는 말만 거듭했어요.

인조도 관료들의 의견에 따라 후금에 언제든지 맞서 싸울 수 있도록 준비하라는 명령을 내려요. 1636년 후금에서 청으로 국호를 바꾼 사실을 알리려 조선에 온 청나라 사신 용골대가 인조

남한산성. 병자호란 당시 인조가 피난한 곳으로, 오늘날 경기도 광주에 위치해 있다.

의 명령이 담긴 문서를 입수해 달아나요. 그로 인해 조선의 속내를 알아차린 청나라 태종은 그해 12월 군대를 이끌고 꽁꽁 얼어붙은 압록강을 건너 다시금 조선을 침략했지요. 이 전쟁이 바로 병자호란입니다.

청나라군은 그야말로 파죽지세였습니다. 12만 명의 대군이 전쟁이 발발한 지 10여 일만에 한양 인근까지 내려왔죠. 이에 인조는 급히 왕비를 비롯한 왕족을 강화도로 보냈어요. 강화도는

용골대(1596~1648)

1636년(인조 14년) 인조 비 인열왕후의 죽음을 조문하는 청나라 사신으로, 조선에 들어와 무례한 행동을 하다가 생명의 위협을 느끼고 도망쳐요. 이 과정에서 청의 침략을 대비하라는 문서를 입수해 청 태종에게 바치면서 병자호란이 일어나는 계기를 제공합니다. 병자호란 때는 청나라 장수로서, 10만 대군을 거느리고 조선을 침략하며 많은 피해를 끼쳤어요.

도성과 가까운 큰 섬인 동시에 물길 때문에 적의 침입이 쉽지 않아 예로부터 조정의 피난처로 쓰였거든요. 같은 날 밤 인조 본인도 강화도 피난길에 나서지만 얼마 가지 못해 청나라군이 강화도로 향하는 길목을 차단했다는 비보를 접하고 맙니다. 이러지도 저러지도 못하는 진퇴양난의 상황 위기를 해결한 건 이번에도 최명길이었습니다. 중국 사신들이 도성에 들어오기 전 임시로 묵던 공관인 서울 북쪽 홍제원에 주둔한 청나라군을 찾아가 술과 고기를 대접하며 인조가 다른 곳으로 피신할 시간을 벌어 주었죠. 그 덕분에 인조는 안전하게 한양 인근에 있는 남한산성으로 들어갈 수 있었답니다. 하지만 남한산성은 임시 피난처일 뿐 인조의 목적지는 여전히 강화도였는데요, 다음 날 얼어붙어 미끄러운 길을 보고는 계획을 변경합니다. 1만 3,000여 명의 병력으로

하여금 남한산성을 지키게 했지요. 그와 동시에 청나라군과 맞서 싸울 왕실의 근왕병을 모집하고 명나라에 원군을 요청했고요. 모두가 도망치기 바쁜 그 순간, 김상헌이 노쇠한 몸으로 남한산성에 들어와요. 미약한 힘이나마 보태고자 한 것이지요.

하지만 전세는 쉽게 뒤집히지 않았어요. 근왕병은 남한산성으로 오는 길에 번번이 청나라군에 공격을 받아 퇴각했고, 명나라는 도와줄 기미를 보이지 않았죠. 설상가상으로 한양을 점령한 청나라군이 계속해서 병력을 충원하면서 규모가 20만 대군에 이르렀습니다.

주화파의 최명길, 주전파의 김상헌 ─────

남한산성이 청나라군에게 완전히 포위되자 조정은 청나라와 강화를 맺자는 주화파와 끝까지 맞서 싸우자는 주전파로 나뉘었어요. 주화파의 중심은 이조판서 최명길이었습니다. 명분보다 실리를 추구했던 그다운 선택이었죠. 청나라에 항복해 후일을 도모해야 한다는 최명길의 주장에 가장 격렬히 반발했던 사람은 주전파를 대표하는 예조판서 김상헌이었습니다. 그는 "싸워 본 다음에 화친해야 합니다. 만약 비굴한 말로 강화를 요청한다면, 이 역시 이룰 가망이 없습니다."라며 항전을 주장했답니다.

　근왕병과 명나라군이 오지 않는 상황이 계속되자 인조는 최명길의 주장을 받아들여 신하들에게 항복 문서를 작성하라는 명령을 내립니다. 하지만 어느 누구도 치욕스러운 역사로 기록될 일을 선뜻 하겠다 나서지 않았고, 결국 최명길이 온갖 비난 속에서 묵묵히 항복 문서를 작성하게 됩니다. 이때 김상헌이 찾아와 "그대의 아버지는 유림에 명성이 자자했는데, 공은 어찌 이런 일을 하는가."라고 말하며 문서를 찢고 대성통곡했다고 하죠. 유림은 유학을 신봉하는 무리를 말해요. 이에 최명길이 바닥에 흩어진 종이 조각들을 주워 맞추면서 "조정에는 이 문서를 찢는 사람이 반드시 있어야 하고, 나 같은 자 또한 있어야 합니다."라고 답했답니다.

　최명길을 막지 못한 김상헌은 마지막 보루로 인조를 찾아갑니다. 하지만 인조 또한 마음을 바꾸지 않자 엿새 동안 식사를 거르며 시위에 나섰어요. 그래도 변함이 없자 목을 매어 죽고자 했지요. 다행히 주변 사람들의 도움으로 살아났지만 끝내 김상헌은 청나라 태종에게 항복하기 위해 삼전도*로 가는 인조의 뒤를 따르지 않고 고향 안동으로 내려가 버립니다. 자신이 섬기는 왕이

●　삼전도는 현재 서울시 송파구 지역에 있던 나루로, 조선시대에 서울과 남한산성을 잇는 역할을 했다. 지금까지도 지명이 남아 있다.

다른 나라의 왕에게 무릎을 꿇고 절하는 모습을 차마 볼 수 없었던 거예요.

선양의 감옥에서 만난 두 사람 ————

병자호란 이후 인조는 김상헌이 자신의 명예만 중시하고 붕당을 세워 나라를 엉망으로 만들었다는 죄명으로 '벼슬과 품계를 빼앗고 명부에서 그 이름을 지운다'는 의미의 삭탈관직을 시켰습니다. 인조의 핍박에도 불구하고 김상헌은 청나라의 군사 지원 요청을 거절해야 한다는 상소를 올리는 등 자신의 신념을 관철해 나갔어요. 이를 알게 된 청나라는 김상헌을 잡아다 수도 선양에 있는 감옥에 가두었죠.

김상헌과 대척점에 있던 최명길은 어땠을까요? 병자호란이 끝난 후 우의정을 거쳐 영의정으로 승진한 최명길은 국정 전반을 이끌었어요. 청나라와의 관계를 원만히 유지하면서 명나라에 몰래 연락해 항복할 수밖에 없었던 조선의 사정을 전달했죠. 명나라와 청나라의 틈바구니에서 균형을 유지하며 국력을 키우고자 한 거예요. 하지만 안타깝게도 1642년 명나라의 한 관리가 청나라에 투항하는 과정에서 최명길이 명나라와 접촉했다는 사실이 발각됩니다. 이 일로 그 또한 선양의 감옥에 갇히게 되었죠.

남한산성에서 팽팽하게 맞서던 두 사람이 머나먼 청나라의 감옥에서 다시 만날 거라고 그 누가 상상이나 했을까요? 하지만 이 만남을 통해 김상헌과 최명길은 방법이 달랐을 뿐 나라를 생각하고 위하는 마음은 다르지 않았음을 알게 됩니다. 두 사람은 감옥에서 시를 주고받으며 서로 간에 쌓인 오해를 풀고 화해했다고 하죠.

> 좋은 시구는 볼수록 더 묘하거니와 애타는 맘 바로 여기 있었으리라
> 이에 양대(兩代)의 우정을 찾고 100년 갈 의심 선뜻 풀어 버렸도다
>
> — 김상헌이 최명길에게 보내는 시

> 그대 마음은 돌 같아서 끝내 돌리기 어렵고
> 나의 도(道)는 둥근 꼬리 같아서 경우에 따라 돈다네
>
> — 최명길이 김상헌에게 보내는 시

조선은 의리와 절개를 강조하면서 최명길보다 김상헌을 높게

평가했어요. 반면에 실리를 중요시하는 현대에는 김상헌보다 최명길을 더 높게 평가하는 경향이 있지요. 김상헌을 고지식한 유학자라며 깎아내리기도 합니다. 하지만 둘의 삶을 따라가다 보면 중요한 건 나라와 백성을 위하는 마음이라는 생각이 들어요. 엄동설한의 황량한 남한산성에서 최명길이 대성통곡하는 김상헌을 이해했던 것도, 하나부터 열까지 달랐던 둘이 끝내는 서로를 이해하게 된 것도 나라와 백성을 위하는 진심을 느꼈기 때문일 거예요. 나와 의견이 다른 사람과 공존하는 가장 좋은 방법은 어쩌면 서로의 진심을 나누는 것 아닐까요?

나라를
사랑하는 마음은
갈았건만

김옥균		출생	장원급제하여 정계에 발을 들이다.	수신사 자격으로 일본에 방문하다.	일본으로부터 차관 도입을 시도하다
	1850	1851	1872	1882	1883
홍종우	출생				

김옥균이 저 일본인들의 속셈을 알고, 갑오년 봄에 일본을 떠나 청국으로 들어가 이미 행하던 방침을 바꾸어 다시 청국 지사들과 더불어 천하 일을 도모하려 하다가 불행히 홍종우에 찔려 죽은 바 되었다.

— 박은식의 『한국통사』 중에서

김옥균

자네는 정변을 일으킬 수밖에 없던 내 심정을 평생 이해할 수 없겠지. 나 또한 무력을 동반하고 외세를 끌어들인 정변이 옳다고 생각하지 않아. 하지만 평화적이고 일반적인 방법으로는 조선을 털끝 하나 바꾸지 못했을 걸세. 백성들을 보살피기는커녕 자신들의 안위를 위해 권력을 휘두르는 민씨 척족들을 해치우지 않고서는 도저히 새로운 길을 열 수 없어 보였어. 그 시절 나에게는 정변이 최선의 선택이었네.

조선이 민씨 척족들의 부정부패에 시름하고 있었다는 걸 누가 몰랐겠나. 조선 밖 프랑스에서 생활한 나도 그 모습이 눈에 훤했는데. 하지만 조선을 바꾼다는 명목으로 일본의 도움을 받아 정변을 일으킨 것은 잘못되었어. 조선은 외세의 간섭 없이 왕을 중심으로 바뀌어야 해. 외세를 끌어들여 나라를 위태롭게 했다는 조선 백성의 원성이 들리지 않는가? 백성과 왕실을 대신해 자네에게 총구를 겨눌 수밖에 없던 날 이해해 주게.

홍종우

갑신정변을 꾀하다.

사망

1884 ---- 1890 ---- 1892 ---- 1893 ---- 1894 ----

프랑스 유학을 떠나다.

『춘향전』 프랑스어 번역본을 출간하다.

조선으로 귀국하다.

김옥균을 암살하다.

청의 내정간섭이 시작되다 ————

강화도조약 이후 일본은 조선의 질 좋은 곡물을 마구 사서 자기네 나라로 가져갔어요. 땅을 가진 조선의 양반과 지주 계층은 곡물을 팔아 떼돈을 벌었지만, 대부분의 농민들은 시장에 풀리는 곡물이 부족해진 바람에 끼니도 제대로 해결하지 못하기 일쑤였죠. 개항하면 장밋빛 미래가 찾아올 줄 알았는데…. 웬걸요. 백성들의 삶은 궁핍해져만 갔습니다.

그 와중에 조선 왕실은 국방력을 강화하겠다며 많은 세금을 들여 신식 군대 별기군을 창설했어요. 가뜩이나 부족한 나라 살림에 무리해서 새로운 군대를 만들었으니, 기존 군인들에게 월급이 제대로 지급됐을 리가 없죠. 조선의 기존 군대였던 훈련도감 군인들은 급료를 몇 달씩 늦게 지급받거나 급료의 일부만 받는 등 열악한 환경 속에서 근무를 이어 갔답니다.

그러던 중, 구식 군대 군인들을 분노케 한 사건이 일어나고 말아요. 1882년 6월, 13개월 밀린 급료 중 1개월분을 지급한다는 소문을 듣고 훈련도감 군인들은 관청을 찾았어요. 하지만 그들에게 돌아온 것은 겨와 모래가 잔뜩 섞인 쌀이었죠. 분노가 폭발한 군인들은 책임자 민겸호의 저택을 부수며 무력시위를 시작했어요. 여기에 사회에 불만을 품었던 하층민들이 힘을 더해 폭동은 건잡을 수 없이 커졌답니다. 이 사건이 바로 임오군란이에요. 1882년 임오년에 일어난 군인들의 난이란 뜻이죠.

사람들은 개화파 관료들, 부정부패를 일삼던 민씨 척족들의 집을 차례로 습격해 파괴했어요. 이후 고종과 명성왕후를 위협하며 흥선대원군을 복권시켰죠. 민중들은 개항으로 삶이 더 피폐해졌다며, 쇄국정책을 고수한 흥선대원군을 앞세워 조선을 개항 이전으로 되돌리고자 했습니다. 하지만 이들의 꿈은 오래가지 못했어요. 민씨 척족들이 청나라에 도움을 요청했거든요. 조선에 들어온 청나라 군대가 흥선대원군을 납치하고 난을 무력으로 진압하면서 임오군란은 막을 내렸답니다.

임오군란의 대가는 컸습니다. 청나라가 조선에 눌러앉아 정치

한국사 속 별별 사건

임오군란이 끼친 국제 정세의 변화

임오군란이 일어난 뒤 조선의 혼란을 틈타 청과 일본이 적극적으로 개입했어요. 청나라 군대가 조선에 들어와 내정을 간섭하기 시작했고, 일본도 군사를 파견해 조선과 제물포조약(1882)을 체결했죠. 이 조약으로 일본은 조선 내 일본 공사관 경비를 명목으로 군대를 주둔시키게 되었어요. 임오군란은 조선이 주변 열강들의 이해관계 속에서 더 이상 고립될 수 없음을 보여 준 사건이었어요.

에 본격적으로 간섭하기 시작했거든요. 청나라 관료를 고문으로 파견해 조선 내정에 개입하는가 하면, 조청상민수륙무역장정이라는 협약을 반강제로 체결하게 했죠. 이 협약은 조선이 청나라의 속국임을 명시한 조약으로, 청나라인의 치외법권 등을 보장하는 불공정 조약이었어요. 치외법권의 의미는 강화도조약을 설명할 때 등장한 바 있지요? 우리 영토 안에 있으면서도 우리 법의 적용을 받지 않겠다니, 그럼에도 조선 정부는 청나라의 횡포에 아무 말도 하지 못했어요. 명성왕후와 민씨 척족들은 자신들의 권력을 되찾아 준 청나라에 연신 굽신거리기 바빴죠.

답답한 현실에 반기를 들다 ────

김옥균은 민씨 척족들을 중심으로 청나라에 이리저리 휘둘리는 조선의 현실에 분노했어요. 그가 꿈꾸던 조선은 이렇지 않았거든요. 여기서 잠깐! 대체 김옥균은 어떤 인물이기에 이토록 청의 내정간섭에 분노했던 걸까요?

김옥균은 1851년 충남 공주의 명문가에서 태어났어요. 어린 시절부터 총명했던 그는 22세가 되던 해 장원급제에 성공하며 정계에 발을 디뎠죠. 이후 조선시대 왕과 관리의 언행을 바로잡는 업무를 담당하였던 사헌부 감찰관 등 여러 관직을 거치며 두 각을 드러냈고, 당대 개화파 지식인들과 활발히 교류하며 입지를 쌓아 갔답니다.

1876년 강화도조약이 체결된 후, 김옥균은 근대적이고 자주적인 개혁의 필요성을 체감했어요. 옆 나라들이 서구 문물을 받아들인 것처럼 조선도 적극적으로 서구 문물과 근대적인 제도를 받아들여 국제사회의 일원이 돼야 한다고 생각했죠. 낡은 제도와 관습을 바꾸는 것이야말로 조선이 부흥할 길이라고 판단했던 거예요. 1882년, 일본에 보내던 외교사절인 수신사 자격으로 일본을 방문해 서구식 정부 조직과 제도를 보고 나서 이런 생각은 더욱 강해졌답니다.

김옥균은 다양한 개혁을 시도했는데요, 대표적으로 경제정책이 있어요. 그는 국가 재정을 늘리기 위해 일본에서 외채를 빌려 와야 한다고 주장했어요. 외채란 쉽게 말하면 외국에서 빌려 온 돈을 말해요. 개혁이 성공하려면 국가 재정이 넉넉해야 하는데, 그 당시 조선은 자본이 턱없이 부족했으니까요. 하지만 청나라가 추천한 외교·재정 고문 묄렌도르프와 민씨 척족을 비롯한 수구파는 조선에서 새로운 화폐를 발행하면 그만이라며 그의 정책을 반대했어요. 이처럼 김옥균의 개혁은 번번이 청나라와 민씨 척족의 반대에 부딪혀 실패했답니다.

정변을 일으키다 ─────

　자신이 꾀했던 개혁들이 거듭 실패로 돌아가니, 김옥균은 무력을 이용한 정변 이외에는 조선을 변화시킬 방법이 없다고 판단하지 않았을까요? 민씨 척족을 제거해 조선이 청나라의 지배에서 벗어나야 자신의 뜻을 이룰 수 있다고 말이에요.

　김옥균은 자신과 뜻을 같이하는 사람들을 모아 청나라를 조선에서 몰아낼 계획을 꾀했어요. 박영효, 서재필 등의 급진 개화파와 함께 말이죠. 1,000여 명의 병력을 모으고, 일본군에게 협조를 약속받으면서 차근차근 정변을 준비했답니다. 그리고 마침내 기회가 찾아왔어요. 1884년 갑신년, 청나라가 종주권을 주장했던 베트남을 두고 프랑스와 청프전쟁을 벌이면서 조선에 주둔하던 청나라군이 일부만 남고 떠났거든요.

　그해 12월 4일, 김옥균과 급진 개화파는 민씨 척족과 청나라에 협조하는 관리들이 우정국 건물 준공식에 참여하는 때를 노려 거사를 일으켰어요. 이들은 먼저 왕이 머무르던 궁궐인 창덕궁에 불을 낸 뒤 고종과 명성왕후를 경우궁으로 옮겼습니다.* 이

● 경우궁은 서울시 종로구에 위치한 궁으로, 조선 순조의 생모인 수빈 박씨의 사당을 모신 곳이었다. 창덕궁에 비해 크기가 작아 적은 병력으로도 방어가 용이해, 정변을 일으킨 세력은 이곳으로 고종과 명성왕후를 옮겨 신변을 확보했다.

갑신정변, 누가 함께했을까?

김옥균 혼자서 갑신정변을 일으킨 건 아니었어요. 그와 함께 조선의 개혁을 꿈꿨던 급진 개화파 인물들이 있었답니다. 대표적인 인물은 다음과 같아요.

박영효(1861~1939) 김옥균의 절친한 친구로, 일본에서 근대화를 배우고 조선에 적용하려 했어요. 훗날 대한제국에서 정치 활동을 이어 갔어요.

서광범(1859~1897) 통역관 출신으로 외국 문물에 밝았고, 갑신정변 때 개혁 방안을 만드는 데 중요한 역할을 했어요.

홍영식(1855~1884) 정부 요직에 있으면서 갑신정변 추진을 도왔어요. 정변 실패 후 일본으로 망명하려다 희생되었죠.

후 민씨 척족을 비롯한 수구파를 창덕궁으로 불러들여 제거하고, 고종의 승인을 받아 개혁 정부를 수립했어요. 조선은 청나라로부터 독립된 국가이며, 모든 백성은 평등하다는 내용의 개혁안도 발표했죠. 이때까지만 해도 김옥균은 자신의 손으로 바꿀 조선의 장밋빛 미래를 꿈꿨을 거예요.

하지만 상황은 김옥균의 예상과 다르게 흘러갔어요. 이튿날, 정변 사실을 알게 된 청나라가 비밀리에 고종과 명성왕후에 접

김옥균이 중국 상하이의 미국 조계지에 있던 호텔에서 암살당하는
장면을 그린 당시 일본 신문 삽화

근했습니다. 정변을 제압해 주겠다고 약속하며 청나라군이 진입
하기 쉬운 창덕궁으로 거처를 옮길 것을 제안했죠. 이에 고종과
명성왕후는 궁이 너무 좁아 생활하기 불편하다는 핑계를 대며
환궁하겠다고 주장했어요. 김옥균이 그 속내를 몰랐을까요? 그
는 고종 내외의 이동에 반대했어요. 하지만 고종과 명성왕후는
쉽사리 마음을 돌리지 않았죠. 이러지도 저러지도 못하는 상황에
정변을 도와준 일본 관리 다케조에가 고종에게 솔깃한 말을 던
집니다. 일본군이 개화파를 지원할 것이기에 창덕궁으로 이동해

도 청나라군에 밀리지 않을 거라는 호언장담이었죠. 이러한 말에 김옥균과 급진 개화파는 어쩔 수 없이 왕을 모시고 창덕궁으로 귀환했답니다. 그리고 다음 날, 청나라군이 창덕궁으로 몰려왔어요. 자신만만하던 일본군은 제일 먼저 도망쳤고, 급진 개화파도 수적 열세에 밀려 순식간에 무너졌죠. 김옥균은 겨우 화를 피해 일본 나가사키로 도망쳤답니다.

일본에서의 생활은 쉽지 않았어요. 조선 정부는 김옥균을 죽이기 위해 암살자를 보내기 일쑤였고, 정변을 꾀할 때만 해도 평생의 동반자처럼 굴던 일본은 김옥균을 섬으로 유배 보내 고립시켜 버렸죠. 김옥균은 죽는 날까지 조선에 발을 들이지 못했지만, 개혁을 포기하지 않은 채 일본과 청나라를 넘나들며 조선의 변화를 줄곧 외쳤어요. 조선 개혁을 향한 열망이 타오를수록 안전한 삶은 더 요원해졌어요. 결국 그는 1894년 청나라의 실세였던 이홍장을 만나러 중국 상하이에 방문한 길에 홍종우에게 암살당해 생을 마감하고 맙니다.

자주 개혁과 왕권 강화를 주장하다 ————

홍종우는 본래 암살자도 군인도 아니었습니다. 그는 프랑스에서 유학한 최초의 조선인으로, 당대 손꼽히는 지식인이었어요. 경기도 안산의 몰락한 양반 집안에서 태어나 형편이 어려웠지만 학업을 향한 열정이 남달랐던 그는 일본을 거쳐 프랑스로 유학을 떠났습니다. 홍종우는 프랑스의 기메박물관에서 연구 보조자로 일하며, 해외에 조선 문화를 알리기 위해 노력했답니다.『심청전』·『춘향전』 등 조선 문학을 프랑스어로 번역하여 출간하거나, 사교 단체에 참석해 조선의 역사와 문화를 알리기도 했죠. 홍종우는 유럽에서 서구 문화와 제도를 직접 마주하면서도 우리 문화에 대한 자긍심을 잃지 않았어요. 그가 프랑스어로 번역한『심청전』서문에는 이런 문장이 나와요. "나라마다 다른 정체를 가지고 있다. 우리(조선)는 우리의 정부 형태를 유지하면서, 이번에는 우리가 유럽 문명을 이용하고자 한다." 여기서 '나라마다 다른 정체를 가지고 있다'는 말은 나라마다 다른 정치 형태와 문화적인 양상을 보이고 있다는 의미로, 서양을 일방적으로 선망하는 문화 사대주의 태도는 어디에서도 찾아볼 수 없죠.

김옥균을 제거한 공로를 인정받아 궁중의 문서 등을 관리하고 임금의 자문에 응하는 일을 맡아보던 홍문관 관리가 된 홍종우는 고종을 도와 광무개혁에 참여하며 조선의 발전을 꾀했어요. 경제적으로는 국내 상인을 보호하기 위해 외국 상인들에게 규제를 가하는 보호 상업주의를 제안했고, 정치적으로는 세계열강이 조선의 군사권에 간섭하는 것을 막기 위해 노력했죠. 그는 근대 제도는 수용하되, 조선이 다른 나라의 개입 없이 홀로 서야만 발전할 수 있다고 생각했어요. 더불어 개혁이 국왕을 중심으로 이뤄져야 한다고 주장했어요. 조선 같은 약소국이 살아남기 위해서는 왕이라는 하나의 구심점을 바탕으로 똘똘 뭉쳐야 한다고요.

같은 꿈, 다른 방식 ————

갖은 핍박에 울부짖던 민중은 당시 갑신정변을 어떻게 바라봤을까요? 민중은 이를 개혁이 아닌 반역으로 여겼어요. 김옥균을 비롯한 급진 개화파들이 일본을 끌어들여 일으킨 반란이라고 생각했죠. 조선은 500년 동안 왕을 중심으로 국정을 운영했어요. 백성들은 왕이 하늘에서 내려온 인물이라 생각하며 살아왔죠. 이런 사회에서 왕을 조그만 궁에 가두면서 실행한 개혁이 긍정적으로 여겨질 리 만무했어요. 개항 이후 일본의 침탈로 생계가 어려웠던 일반 민중들에게는 더욱이요. 일본과 손을 잡고 왕을 위협하는 신하를 누가 좋게 보았을까요?

홍종우의 생각도 이와 비슷하지 않았을까요? 몰락한 집안에서 태어나 민중의 어려운 삶을 누구보다 잘 이해하던 홍종우로서는 민중을 위해 개혁을 꾀했다는 급진 개화파의 주장이 크게 와닿지 않았을 거예요. 그들이 우물 안 개구리처럼 보였을 수도 있어요. 프랑스 유학 생활을 하면서 서구 문물과 제도를 직접 경

광무개혁

1897년 10월 고종은 국호를 조선에서 '대한'으로 바꾸고 황제로 즉위했어요. 임금이 즉위한 해에 붙이던 칭호인 연호도 '광무'라고 새롭게 만들어 붙였죠. 고종 황제는 황권을 강화하고 나라를 발전시키기 위해 다양한 근대화 정책을 추진했는데요, 이를 통틀어 광무개혁이라고 불러요. 광무개혁 이후 사회적·경제적으로 다양한 변화가 이루어졌어요. 근대적 토지 소유 제도라고 할 수 있는 지계가 발급됐고, 이는 토지 소유권을 증명하는 문서 기능을 했어요. 또 도시 개조 사업이 진행돼 전차와 전등이 도시 곳곳에 설치되었죠. 국립 병원인 광제원과 사회적 또는 국가적 차원에서 재난을 당한 사람이나 빈민에게 금품을 주어 구제하는 구휼 기관인 혜민원이 설립되기도 했고요. 광무개혁은 일본이 1904년 대한제국에 주둔하며 내정에 본격적으로 개입하기 시작하면서 끝을 맺었답니다.

1899년 처음 개통되어 서울 서대문에서 청량리까지 운행되었던 전차

험했기에 일본과 청나라 외에는 가 본 적이 없는 김옥균의 급진적 개혁이 한낱 치기로밖에 보이지 않았을 수도 있죠.

김옥균과 홍종우 모두 조선을 사랑하는 마음은 같았어요. 하지만 나라를 개혁하는 방식을 두고 서로 의견을 달리했죠. 조선이 평화로웠더라면 이 둘은 서로의 생각을 받아들이며 함께 조선의 발전을 위해 노력했을지도 몰라요. 슬프게도 실제 역사에서는 서로를 이해하지 못한 채 운명을 달리했지만 말이에요.

개화냐 척화냐,
그것이 문제로다

유길준		출생	조사 시찰단 수행원으로 일본에 방문하다.	보빙사 수행원으로 미국에 방문하다.
	1842	1856	1881	1883
유인석	출생			

단발령이 내려지자 통곡하는 소리가 하늘을 진동하였다. 사람마다 분노하며 죽으려는 기색을 보이며 곧 무슨 변이라도 일으킬 것 같아 일본인들은 군대를 빈틈없이 하여 대비하였다.

— 황현의 『매천야록』 중에서

유길준

지금 조선은 바람 앞의 등불, 풍전등화와 같습니다. 청나라와 일제가 전쟁하느라 조선에 신경 쓸 겨를이 없을 때를 틈타 간신히 나라를 일으킬 기회를 잡은 것뿐이죠. 천금 같은 이 기회를 놓쳐서는 안 됩니다. 한시라도 빨리 서구 문물을 조선 실정에 맞게 도입하여 부국강병을 이루어야 합니다. 그 방식이 조금은 급진적일지라도 말이죠.

유인석

조선이 왜 이 지경까지 왔는지 그 원인을 생각해 본 적 있소? 조선을 지탱해 온 성리학 질서를 버리고 근본도 없는 서양 오랑캐의 문화를 받아들였기 때문이오. 이를 수용하더라도 조상 대대로 이어져 내려온 전통을 잃지 말아야 하거늘… 단발령이라니! 이건 우리 민족의 정체성을 건드리는 문제요. 난 절대 용납할 수 없소!

『서유견문』을 출간하다.
단발령을 시행하다.

아관파천으로 친러 내각이
수립되자 일본으로 망명하다.

사망

----- 1895 -------------- 1896 -------------- 1914 ------ 1915 -----

을미의병을 일으키다.

사망

조선, 안팎으로 격동하다 ————

19세기 말 조선 사회는 혼란스럽기 그지없었어요. 관리들의 부정부패가 만연했고, 일제와 청나라가 본격적으로 조선 경제에 간섭하며 곡물과 자원을 수탈하기 시작했죠. 농촌 경제는 빠르게 무너져 내렸고, 농민을 비롯한 백성의 삶은 나날이 어려워져만 갔답니다. 1894년 갑오년, 참다못한 농민들은 지도층의 변화를 요구하며 봉기를 일으켜요. 이 사건이 바로 갑오농민전쟁이에요. 다른 말로 동학농민운동이라고 하죠. 그 당시 민중적이고 대중적인 종교였던 동학의 지도자와 교도뿐만 아니라 수많은 농민이 참여했기에 이런 이름이 붙은 거랍니다.

전라도 고부에서 전봉준을 중심으로 모인 농민군은 전주성을 함락하기에 이르렀어요. 이에 조선 왕실과 기득권이던 민씨 척족들은 어떻게 반응했을까요? 농민들의 목소리에 귀를 기울이기는 커녕 이들을 진압하고자 청나라에 지원을 요청했습니다. 백성들의 어려움을 해결하는 것보다 자신들의 권력을 유지하는 일이 더 중요했던 거예요.

청나라는 조선 왕실의 요청에 쾌재를 부르며 서둘러 군대를 파병했어요. 조선 내정에 더욱 깊숙이 관여하여 이익을 취할 수 있는 기회인데, 이를 놓칠 리가요! 호시탐탐 조선을 정복할 기회를 노리던 일제도 톈진조약*을 빌미 삼아 조선에 군대를 보냈답니다.

이 소식을 들은 동학 농민군은 자진해서 군대를 해산하겠다는 말을 조선 정부에 전했어요. 이들이 봉기를 일으킨 이유는 사람이 사람답게 살 수 있는 세상을 만들기 위해서였지, 외세를 끌어들여 나라를 위태롭게 하려던 게 아니었거든요. 조선 정부도 이 제안에 크게 기뻐하며 청나라와 일본 군대의 철수를 요청합니다. 그런데 두 나라가 "네, 알겠습니다. 그럼 도움이 필요할 때 다시 불러 주세요."라고 답하며 순순히 물러났을까요? 조선을 맘대로 주무를 수 있는 절호의 기회를 포기할 리 없죠! 조선에 미치는 영향력이 청나라보다 약했던 일제는 더욱이요.

결국 일제는 1,000명의 군대를 이끌고 고종이 머무는 경복궁으로 쳐들어갔어요. 고종을 협박하여 친일 내각을 세운 일본은 조선에 주둔하고 있던 청나라 군대를 공격하며 청일전쟁을 일으켜요. 청일전쟁의 승기가 일제로 기울면서 조선은 청나라의 영향력에서 벗어나게 됐답니다. 물론 머지않아 그 자리를 일제가 채웠지만요.

● **톈진조약** 1885년에 중국 톈진에서 일본과 청나라가 체결한 조약. 조선에 군대를 파병할 때는 서로에게 미리 알릴 것을 약속했다.

갑오개혁이 시작되다 ————

청나라와 민씨 척족의 눈치만 보던 개화파들은 청일전쟁을 기회로 여겼어요. 청나라의 간섭에서 벗어나 조선을 개혁할 절호의 기회로 말이죠. 그리고 1894년 갑오년 7월, 개화파 중에서도 일제에 우호적이던 김홍집을 중심으로 개혁이 일어납니다. 개혁을 담당하는 군국기무처라는 기관도 새롭게 설립되는 등 대대적인 혁신이 이루어지죠. 이것이 바로 갑오개혁이에요. 갑오개혁은 1894년부터 1896년까지 약 19개월간 진행됐는데, 내각의 변화에 따라 크게 세 시기로 나뉘어요.

먼저 1894년 7월부터 12월까지를 제1차 갑오개혁 시기라고 칭해요. 앞서 말한 김홍집이 주축이 됐죠. 이 시기의 목표는 청나라의 간섭에서 벗어나 자주국으로 발돋움하는 것이었어요. 그 당시만 해도 청나라는 조선을 자신들의 속국으로 여기고 있었거든요. 이에 조정은 개국기년°을 사용해 조선이 독립적인 국가임을 널리 알렸어요. 세금을 현물이 아닌 화폐로 받는 금납화를 추진해 재정을 안정적으로 확충하려 했고, 정치제도도 근대적으로 개편하고자 했죠.

● **개국기년** 조선이 건국된 1392년을 원년으로 하는 연호로, 채택한 해인 1894년을 503년으로 산정하여 사용했다. 조선이 청나라의 속국이 아님을 드러낸다.

하지만 제1차 갑오개혁은 그리 오래가지 못했어요. 일제가 청일전쟁에서 승기를 잡으면서 조선 내정에 본격적으로 간섭하기 시작했기 때문이죠. 일제는 군국기무처를 폐지한 후, 갑신정변의 주역인 박영효를 개혁의 주축으로 삼았어요. 그렇게 제2차 갑오개혁이 추진됩니다. 무려 200건이 넘는 개혁안이 제정되고 실행됐죠. 짧은 시간에 수많은 법이 바뀌다 보니 사회에 혼란이 잇따랐어요. 개혁의 주축인 박영효가 일제에 우호적이다 보니 조선이 아닌 일제에 유리한 법령이 만들어지기도 했죠. 그로 인해 백성들의 반발은 점차 커져만 갔고, 결국 박영효는 반역죄를 선고받고 지위에서 물러나게 됩니다.

유길준, 을미개혁을 주도하다 ──────

박영효가 물러난 후, 조정은 친러파 관료들로 채워집니다. 조선 왕실이 그 당시 삼국간섭*으로 일제를 굴복시킨 러시아의 힘을 빌려 일제의 간섭에서 벗어나고자 했거든요. 이런 분위기를 눈치챈 일제는 조선과 러시아의 관계를 단절시키고자 1895년에

● **삼국간섭** 1895년 러시아·프랑스·독일이 간섭하여, 일제가 청일전쟁의 결과로 얻은 랴오둥반도를 청나라에 돌려주게 한 일.

아주 끔찍한 사건을 저지르는데요, 자객들을 경복궁에 침입시켜 러시아와 손잡으려 한 명성왕후를 잔혹하게 시해한 것이죠. 이 사건이 바로 을미년의 비극이라고 불리는 을미사변이랍니다. 을미사변 이후 친러파 관료들은 힘을 잃었어요. 다시 일제에 우호적인 김홍집을 중심으로 새로운 내각이 꾸려지고 개혁이 추진됐죠. 이를 제3차 갑오개혁 혹은 을미개혁이라고 불러요. 이 개혁에서 김홍집보다 더 돋보인 인물이 있었으니, 그가 바로 유길준이에요.

유길준은 1856년 서울의 한 양반 가문에서 태어나, 개화파의 시조라고 할 수 있는 박규수 밑에서 김옥균·박영효·김윤식 등과 함께 공부했어요. 1881년 새로운 문물제도의 시찰을 위해 파견한 조사 시찰단 어윤중의 수행원 자격으로 방문한 일본에서 1년간 유학 생활을 하며 영어·의학·세계사 같은 근대 학문을 익혔죠. 유학 생활을 마치고 조선에 귀국한 그는 곧바로 새로운 유학 길에 오릅니다. 1883년 조선 정부는 미국에 보빙사라는 외교사절단을 파견했는데, 이때 사절단의 수행원 자격으로 미국을 방문했다가 유학 생활을 하게 된 것이었죠. 일제보다 근대화된 미국을 몸소 경험한 유길준은 배움을 향한 열정을 불태웠어요. 보빙사 모두가 조선으로 돌아간 뒤에도 혼자 미국에 남아 공부했죠.

하지만 1884년에 갑신정변이 일어나며 그의 미국 유학 생활은 끝이 납니다. 나라 상황이 혼란한데, 맘 놓고 공부하는 게 어디 쉬운 일인가요? 그렇게 1885년 유길준은 조선 땅에 다시 발을 디딥니다. 그런데 이게 무슨 일일까요? 그는 곧바로 자택에 연금되고 말아요. 갑신정변의 주축인 김옥균 등과 친분이 있었기 때문이죠. 조선을 바꾸기 위해 열정을 바쳐 공부했건만 이를 써먹지도 못한 채 유길준은 7년간 집에 갇혀 지내게 됩니다. 하지만 그는 좌절하지 않았어요. 연금된 와중에도 세계 각국의 문화와 제도를 총망라한 책『서유견문』을 집필하며 조선의 근대화를 향한 꿈을 놓지 않았죠.

유길준은 을미사변 이후 새롭게 개편된 김홍집 내각에서 내무 행정을 책임지는 내부대신에 임명됩니다. 서구 문물을 보고 느끼고 배운 것을 드디어 펼칠 기회가 생긴 거예요. 그는 조선이 발전하기 위해선 건축술·의학 등 서구 기술을 적극적으로 받아들여야 한다고 생각했어요. 이에 따라 우체국·전화국·서양식 병원 등을 조선에 설립하고자 했답니다. 더불어 그는 단발령을 전국적으로 실시해야 한다고 주장했어요. 머리카락을 자르는 것이 상투보다 더 위생적이고 효율적이라는 이유에서였죠. 그는 자신의 머리는 물론 왕세자의 상투를 직접 자르며 단발령을 강하게 밀어붙였답니다. 하지만 강압적인 단발령 시행으로 유길준은 백성들의 분노를 사게 됐어요. 엎친 데 덮친 격으로 친러 세력에 의해 고종

아관파천

을미사변 이후 고종은 신변에 큰 위협을 느껴요. 불안한 나날이 계속되던 중 다른 나라의 힘을 빌려 일제의 감시와 위협에서 벗어나기로 결심하죠. 이때 선택한 나라가 러시아예요. 1896년 2월 11일 늦은 밤, 일본군의 감시가 허술한 틈을 타 고종 일행은 경복궁을 나와 러시아 공사관으로 향했답니다. 이 사건이 바로 아관파천이에요. 고종은 러시아 공사관에서 나랏일을 보며 약 1년 동안 생활했는데요, 이때 단발령처럼 백성들의 반대가 심했던 개혁들을 취소하고 주동자를 처벌했답니다.

과 세자가 러시아 공사관으로 거처를 옮긴 아관파천 후 역적죄를 선고받고 일본으로 망명하기에 이르죠.

유인석, 을미의병을 이끌다 ─────

조선 사람들은 머리카락을 부모님이 주신 신체의 일부로 여겨 함부로 자르지 않았어요. 머리카락을 손상시키지 않는 것이 효의 시작이라는 말이 있을 정도였죠. 이처럼 조선의 유교적 전통에 반하는 단발령은 많은 백성의 분노를 살 수밖에 없었답니다. 특히 성리학을 하늘처럼 여기던 유생들은 더욱 강하게 반발했죠.

유인석도 마찬가지였어요. 1842년 강원도 춘천에서 태어난 그는 '바른 것(성리학)을 지키고 사악한 것(서양의 학문)을 배척하는 당파'라는 뜻의 위정척사파의 선봉장 이항로 밑에서 학문을 익혔어요. 스승의 사상을 이어받아 충북 제천에서 제자를 양성하며 살아가던 중 갑오개혁을 맞닥뜨리죠. 의복 제도 개혁을 한다며 서양 옷을 입도록 강요하질 않나, 지금까지 멀쩡히 사용하던 태음력을 버리고 태양력을 기준으로 하겠다질 않나…. 그간 잘 유지돼 오던 조선의 질서를 망가뜨리는 일들이 자꾸만 벌어졌어요. 여기에 을미사변으로 명성왕후가 시해되고, 단발령이 실시되어 사람들의 머리카락이 강제로 잘리자 유인석은 위정척사를 외치며 1895년 을미년에 의병을 일으켰답니다.

그와 뜻을 같이한 여러 유생과 평민들이 의병 봉기에 참여하여 충주성과 제천성을 함락하자, 조선 조정은 두려움에 떨게 돼요. 의병 운동이 시작되고 몇 달 후, 아관파천한 고종은 유인석에게 의병 해산을 권고합니다. 단발령을 주도한 유길준 등을 관직에서 내려오게 했으니, 이제는 의병을 일으킬 이유가 없지 않느냐는 거였죠. 하지만 유인석은 이를 거절했어요. 그가 바란 건 단발령 철폐를 넘어 조선에 성리학 질서를 바로 세우는 일이었거든요. 조정이 개화 정책을 포기하기 전까지는 의병 활동을 멈출 수 없다고 강력히 주장했죠.

하지만 모두의 생각이 유인석과 같지는 않았습니다. 고종의 해산 권고에 함께하던 유생들의 마음이 하나둘 돌아서기 시작했어요. 여기에 전투의 주축이던 평민 출신 의병장 김백선이 양반 동료에게 대들었다는 이유로 숙청당하면서, 의병 부대는 점차 와해돼 갔답니다. 상황이 어려워지자 유인석은 자신을 따르던 병사들을 이끌고 압록강을 향했어요. 청나라의 도움을 받아 전세를 역전시키고자 한 것이죠. 하지만 결국 그 뜻을 이루지 못한 채 만주 서간도에서 의병 부대를 해산하고 말았답니다.

무엇보다 중요한 것 ──────

급변하는 역사의 물결 속에서 유길준과 유인석은 근대화와 위정척사라는 각자의 이상을 이루기 위해 삶을 불태웠어요. 사상적으로는 대척점에 섰지만 아이러니하게도 둘의 말로는 무척 비슷했어요. 앞서 일본으로 망명했던 유길준은 1904년 다시 조선에 돌아옵니다. 그 후 민족 부흥 단체인 흥사단을 조직해 민중 계몽과 교육에 힘썼죠. 일제와 가깝게 지내며 근대화를 외친 유길준이었지만 일제의 국권피탈에는 강하게 반대의 목소리를 냈어요.

1910년 조선의 국권을 빼앗은 일제는 유길준에게 남작 작위를 내려 그를 친일파로 매수하려 했어요. 하지만 유길준은 끝까지 이를 거부했습니다. 이후 모든 공직에서 사퇴하고 자택에서 은거하다 생을 마감했죠.

유인석은 어땠을까요? 을미의병을 해산시킨 후, 유인석은 만주 서간도에서 머물며 나라를 위해 일할 독립운동가를 양성했어요. 나라의 주권을 일제에 빼앗기자 8,000명이 넘는 독립운동가의 서명을 받고 이 문서를 다른 나라 정부에 보내 합병의 부당함을 널리 알리고자 노력했죠. 이후로도 그는 조선 독립을 외치며 망명 생활을 이어 가다 1915년 만주 서간도에서 숨을 거두었답니다. 두 사람 모두 삶을 다할 때까지 일제의 국권 침탈에 끝끝내 저항했던 거예요.

둘이 꿈꾼 조선의 모습은 달랐겠지만, 본질적인 목표는 같았을 거예요. 자주적이고 독립적인 조선 말이죠. 개화와 척화, 진보와 보수로 편을 가르는 일보다 더 중요한 것은 공통의 가치와 목적을 위해 힘을 합치는 일 아닐까요? 방법의 차이가 목표의 차이는 아닐 테니까요.

옥새를
지키려는 자와
뺏으려는 자

순정효황후				황후로 올려 책봉되다.
		출생		
	1873	1894		1907
윤덕영	출생	과거에 합격하다.		

순정효황후

백부님, 옥새를 가져가시면 안 됩니다. 저에게서 옥새를 빼앗아 일제에 바친다면 백부님은 후대에 걸쳐 만고의 역적으로 지탄받으실 겁니다. 백부님의 명예 때문만이 아닙니다. 옥새를 빼앗기면 500년을 이어 온 우리 역사는 끝이 나고 맙니다. 백성들이 나라를 잃고 비참한 삶을 살기를 원하십니까? 그들에게 미안하지도 않으십니까?

윤덕영

황후마마, 현실을 직시하십시오. 일개 몇 사람의 노력으로 나라를 지킬 수 있겠습니까? 순리대로 흘러가는 역사의 흐름을 막는 건 불가능합니다. 우리가 아무리 발버둥 친다 해도 일제로 기운 역사의 추는 뒤바뀌지 않아요. 중국과 러시아를 상대로 승리를 거둔 일제의 밑에서 일본인으로 살아가는 것이 지금으로서는 최선의 선택입니다. 더군다나 일제가 황실은 보호해 준다고 하지 않습니까. 그러니 어서 옥새를 내놓으시지요.

한일병합조약 체결에 저항하다.		광복을 맞이하다.	사망
1910	**1940**	**1945**	**1966**
한일병합조약 체결을 돕다.	사망		

어린 나이에 황후가 되다 ─────

　조선 역사상 마지막 왕비(황후)는 누구일까요? 흔히들 고종의 아내인 명성왕후를 떠올리곤 하지요. 하지만 잘 생각해 보세요. '태정태세문단세…'를 되뇌다 보면 고종 뒤에 왕이 한 명 더 나오지 않나요? 바로 순종 말이에요. 조선 역사상 마지막 왕비는 순종의 두 번째 비인 순정효황후랍니다.

　순정효황후 윤씨는 순종의 황태자비였던 순명효황후 민씨가 죽자 1906년 열세 살이라는 어린 나이에 두 번째 황태자비로 책봉됐습니다. 황태자와 함께 앞으로의 대한제국을 이끄는 명예로운 자리에 올랐지만 대내외 상황이 그리 좋지만은 않았죠. 황태자비로 책봉되기 1년 전 을사늑약이 체결되면서 일제에 나라의 외교권을 빼앗겼거든요. 위태로운 나라의 상황만큼 순정효황후를 힘들게 한 것이 또 있었으니, 바로 세간에 떠도는 소문이었습니다. 아버지 윤택영이 '거액의 뇌물을 바쳐 딸을 황태자비로 만들었다.'라는 소문이 곳곳에 자자했죠. 이런 소문에 불을 붙이듯 윤택영은 자신의 지위를 이용하여 사치와 유흥을 즐기고 수많은 사람에게서 돈을 빌렸습니다. 주변에 돈을 얼마나 많이 꿨는지 '채무왕'이라는 별명이 붙을 지경이었죠.

　하지만 순정효황후는 사람들의 비난에도 굴하지 않고 황태자비로서 자신이 맡은 바에 최선을 다했습니다. 병약한 순종을 보필하고 왕실의 대소사를 챙겼지요. 그러던 1907년 7월, 고종이 네덜란드 헤이그에 특사를 파견했다는 이유로 강제로 퇴위당하는 사건이 벌어집니다. 순종은 고종의 퇴위를 인정할 수 없으며 황위를 이어받지 않겠다고 버텼어요. 그러자 일제는 환관 두 명을 고종과 순종으로 분장시켜 가짜 황위 계승식을 올리고, 이를 신문에 일파만파 퍼뜨리면서 황위 계승을 기정사실처럼 만들었죠. 결국 순종은 어쩔 수 없이 황제의 자리에 올랐고, 순정효황후 또한 황후가 되었답니다.

무너져 가는 대한제국을 바라보다 —————

황후가 된 순정효황후를 기다리는 것은 끝없는 일제의 침탈이었습니다. 남편 순종은 이를 막기 위해 고군분투했지만 일제의 손아귀에서 벗어나기란 쉽지 않았죠. 오히려 대한제국의 권리를 일제에 넘겨주는 일이 반복될 뿐이었어요.

1907년 일제는 한일신협약*을 체결하며 대한제국의 군대를

● **한일신협약** 모든 행정 및 사법 업무를 통감부(일제가 대한제국을 감시·감독하기 위해 설립한 관청)의 감독 아래 두는 것을 주된 내용으로 한다.

해산시킵니다. 이뿐만 아니라 차관 정치를 본격적으로 시행하며 주요 관직에 일본인을 채워 넣었죠. 그 결과 일제는 대한제국에 정치적으로 자문하는 역할을 넘어 제국의 행정 실무 전체를 장악하게 됩니다. 대한제국을 지키려는 한국인은 정치에서 배제시켰고요. 한일신협약은 대한제국을 본격적으로 식민지 삼겠다는 일제의 선전포고와도 같았답니다.

여기에 그치지 않고 일제는 1909년, 지금의 국무총리에 해당하는 내각 총리대신 이완용과 기유각서를 체결합니다. 이를 계기로 대한제국의 사법권과 감옥 운영 권리를 손에 넣었죠. 기유각서의 파장은 을사늑약만큼 컸습니다.

일제에 협력해 범죄를 저지른 친일파는 처벌받지 않고, 반대로 나라를 지키고자 한 애국지사들이 가혹한 처벌을 받게 됐거든요. 그리고 이듬해 6월 일제는 대한제국의 경찰권마저 빼앗아 가고 맙니다. 경찰권은 공공질서를 유지하기 위해 개인의 자유를 제한할 수 있는 경찰의 통치권을 말해요. 이렇게 사법권과 경찰권 등 각종 권리를 손에 넣은 일제는 자신들의 행보를 반대하는 한국인을 체포하고 구금하기 시작했어요. 이에 더불어 친일 단체인 일진회를 앞세워 대한제국이 일제와 합병돼야 한다는 각종 청원서와 성명서를 발표하게 했죠.

마지막 어전회의가 열리다 ─────

1910년 8월 22일, 대한제국의 마지막 어전회의가 창덕궁에서 열렸습니다. 회의의 안건은 한일병합조약*, 즉 한일합병조약이라고도 하는 조약의 체결이었는데요, 대한제국의 통치권을 일제에 넘길지 말지 결정하는 것이었죠. 특이한 점은 이 회의가 창덕궁 가장 안쪽에 위치한 홍복헌에서 열렸다는 사실이에요. 창덕궁 내 임금과 왕비가 거처하던 궁전이자 침전인 대조전에 딸린 전각 홍복헌은 국정을 논의하는 목적으로 쓰이는 곳이 아니었거든요. 그런데도 이곳에서 어전회의를 연 것은 사람들의 이목을 끌지 않으려는 친일파와 일제의 속셈이 담겨 있었답니다. 일제에 나라를 팔아먹는 회의였기에 사람들에게 알려졌다간 큰 파장이 일어날 것이 뻔했으니까요.

순종을 비롯한 황족, 내각 총리대신 이완용, 일제가 파견한 제3대 한국 통감 데라우치를 비롯한 고위 관료들이 모여 회의가 시작됐습니다. 일제는 총칼로 무장한 군인들을 곳곳에 배치해 공포 분위기를 조성하고는 순종에게 조약에 날인할 것을 강요했죠. 병풍 뒤에 숨어 회의를 엿듣던 열일곱 살의 순정효황후는 경악을

● **한일병합조약** 1910년 대한제국과 일제가 맺은 조약으로, 대한제국의 통치권을 일제에 넘겨주고 합병을 수락한다는 내용을 담고 있다.

금치 못했습니다. 이대로 흘러가다가는 속수무책으로 나라를 빼앗길 노릇이었으니까요. 그때 순정효황후의 머릿속에 1897년 고종이 공포한 대한국(대한제국) 국제°가 스쳐 지나갔습니다.

제3조. 대한국 대황제는 무한한 군권을 향유하니 공법°에 이른 바 정체를 <u>스스로</u> 정함이라.

제6조. 대한국 대황제는 법률을 제정하여 그 반포와 집행을 명하며, 만국의 공통된 법률을 본받아 국내 법률도 개정하고 대사, 특사, 감형, 복권을 명하니 공법에 이른 바 율례°를 <u>스스로</u> 정함이라.

제9조. 대한국 대황제는 각 조약국에 사신을 파송, 주재하게 하고 선전, 강화 및 제반 약조를 체결하니 공법에 이른 바 <u>스스로</u> 사신을 파견함이라.

대한국 국제에 따르면 법률을 제정하고 외국과 조약을 맺는 일은 주권을 가진 대한제국의 황제만이 할 수 있는 일이에요. 즉, 한일병합조약문에 황제의 결정을 상징하는 옥새가 찍히지 않는

● **국제** 대한제국이 반포한 한국 최초의 근대적 헌법.
● **공법** 국가·공공단체·개인 간의 관계를 규정하는 법률.
● **율례** 형률의 작용에 대한 모범 예시.

다면 효력이 발생하지 않아요. 이를 깨달은 순정효황후는 옥새를 치마 속에 숨기고 대조전으로 몸을 피했습니다.

황후의 치마를 들추다 ─────

순정효황후가 옥새를 가져갔다는 소식에 회의장에 있던 사람들은 당혹감을 감추지 못했어요. 이에 곧바로 대조전으로 몰려가 옥새를 내놓으라며 황후를 협박했죠. 하지만 순정효황후는 요지부동이었습니다. 무력을 사용해 옥새를 빼앗을 수도 있었지만 어느 누구도 쉽게 나서지 못했어요. 여인, 그것도 한 나라의 국모인 황후의 치마를 들췄다가는 대중으로부터 엄청난 질타를 받을 테니까요. 또한 나라를 팔아먹은 매국노로 역사에 기록될 것이 두려웠어요. 대한제국이 스스로 일제에 나라를 갖다 바치는 모양새를 만들고자 했던 친일파들은 이러지도 저러지도 못한 채 그저 발만 동동거릴 수밖에 없었답니다.

그때 한 남자가 사람들을 밀치며 성큼성큼 순정효황후에게 다가갔습니다. 바로 순정효황후의 큰아버지이자 어전회의에 참석한 시종원경 윤덕영이었죠. 시종원경은 구한말, 궁내부에서 임금의 비서·의약·위생에 대한 일을 맡아보던 관아의 장을 말해요.

순정효황후가 눈물을 흘리며 애원했지만, 윤덕영은 이에 아랑곳하지 않으며 옥새를 내놓으라고 협박했습니다. 그러고는 순정효황후의 치마를 강제로 들춰 옥새를 빼앗은 뒤 유유히 대조전을 나갔지요. 윤덕영이 옥새를 가져오자 회의가 재개됐고, 결국 이완용과 데라우치의 주도 아래 한일병합조약이 체결됐습니다.•
그로부터 일주일 후인 1910년 8월 29일, 전국에 이 사실이 공포되면서 대한제국은 국권을 완전히 빼앗기고 일제의 식민지가 되고 말았죠. 이 일련의 사건을 '국권피탈'이라고 해요. 경술년에 일어난 나라의 치욕스러운 일이라는 의미에서 '경술국치'라고도 부르죠.

일제에 충성하다 ─────

순정효황후가 태어난 1894년 과거에 합격한 윤덕영은 촉망받는 관리였습니다. 1895년에는 나라의 발전을 위해 새로운 문물제도를 살펴보고자 신사유람단의 일원으로 일본을 답사하고, 이듬해에는 내각 총리대신 비서관에 임명될 정도로 왕실의 신임을

● 일제의 군사적인 점령과 강제하에 체결됐으며, 대한제국 황제 및 정부의 자발적인 의사로 이루어지지 않았기에 무효인 조약이다.

받았죠. 하지만 그는 이내 친일파로 변절하고 맙니다.

윤덕영은 대한제국을 두고 중국·일제·러시아가 옥신각신하는 과정을 지켜보며 친일파가 됐어요. 강대국 영국과 미국이 일제를 지지하고 돕는 모습에 일제에 충성하기로 결심한 것이었죠. 그의 친일적인 태도를 보여 주는 사건이 바로 이토 히로부미 조문이에요. 1909년 그는 이토 히로부미가 안중근 의사에게 암살당하자 중국까지 찾아가 그를 조문했답니다. 대한제국 침략에 앞장선 장본인을 말이지요. 이토 히로부미 사망 50일 추도회에 참여해 그를 애도하기도 했어요. 그리고 윤덕영은 1910년 한일병합조약 체결 당시 순정효황후가 숨긴 옥새를 빼앗아 일제에 바치며 친일 행위에 정점을 찍습니다. 이 일로 그는 일제로부터 자작 작위와 함께 큰돈을 받았죠.

나라를 팔아먹은 돈으로 윤덕영은 호의호식했습니다. 서울 종로구 옥인동에 벽수산장이라는 호화로운 서양식 별장을 짓고, 여러 고위 관직을 오가며 부를 늘렸죠. 그렇게 그는 국권피탈 후 일제의 대변자로 살아갑니다. 일왕 즉위식에 조선 귀족 대표로 참석해 기념장을 받는가 하면, 중일전쟁 중에는 중국으로 건너가 침략자인 일본군을 위문하기도 했죠. 누구보다 앞장서서 친일 행위를 일삼던 윤덕영은 1940년 죽는 순간까지 자신의 잘못을 뉘우치지 않았답니다.

끝까지 황실을 지키다 ————

나라를 빼앗긴 후에도 순정효황후는 끝까지 황실을 지켰습니다. 조선 그리고 대한제국의 마지막 왕인 남편 순종이 1926년 세상을 떠난 뒤에도 말이에요. 일제로부터 궁궐을 비롯한 황실 재산을 지키고, 임금의 친족인 종친들을 보살폈죠. 잊혀 가는 황실을 지키는 일은 고달팠지만 순정효황후는 힘든 내색을 비치지 않았습니다. 자신의 말과 행동이 황실을 대변한다고 생각했기에 누구에게도 비굴한 모습을 보이지 않았죠. 이런 기개와 기품에 많은 사람이 순정효황후에게 존경을 표했답니다.

1945년 8월 15일 꿈에 그리던 광복을 맞이했지만 황후의 삶은 여전히 고단했습니다. 1950년 6·25 전쟁이 터지면서 반평생 머문 창덕궁을 떠나 부산으로 피난 가게 됐는데, 전쟁이 끝난 뒤에도 궁으로 돌아가지 못했거든요. 종전 후 이승만 정부가 창덕궁은 국유재산이기에 거주할 수 없다며 순정효황후의 환궁을 막은 거죠. 황후는 1960년에 이르러서야 겨우 창덕궁으로 돌아올 수 있었습니다. 일본에서 귀국한 영친왕과 그의 부인 이방자 여사, 그리고 고종의 막내딸 덕혜옹주 등 황실 가족을 데리고 창덕궁 낙선재에서 머무르던 순정효황후는 1966년 눈을 감으며 파란만장한 삶을 마무리했답니다.

순정효황후와 윤덕영의 삶을 따라가다 보면 역사는 얽히고설킨 실타래와 같다는 걸 실감합니다. 한 집안에서도 누군가는 나라를 등지고, 누군가는 끝까지 나라를 지키려 했으니까요. 어쩌면 우리가 역사를 배우고 연구하는 목적은 그 복잡한 실타래를 풀어 진위를 명확하게 가리기 위함일지도 모르겠습니다. 똑같은 비극이 반복되지 않도록 반성하고, 기려야 할 사람들을 오래도록 기억하고 본받기 위해서 말이지요.

한국사 속 별별 사건

중일전쟁

1937년부터 1945년까지 중국 대륙에서 펼쳐진 중국과 일제의 전쟁이에요. 중국 본토를 정복하려는 일제의 야심에서 비롯됐으며, 1941년 일제가 미국 하와이 진주만을 공습하면서 태평양전쟁으로 확대됐지요. 중일전쟁과 태평양전쟁은 우리 역사에 씻을 수 없는 상처를 안겼어요. 이 전쟁으로 인해 조선의 수많은 청년이 강제징용 및 징집됐으며, 일본군의 사기를 높인다는 명목 아래 젊은 여성들이 강제로 일본군위안부에 동원돼 끔찍한 학대를 당했답니다.

외교권, 지킬 것인가?
넘길 것인가?

13
장 ◉ 한규설 × 이완용

한규설	출생		법부대신 겸 고등재판소 재판장이 되다.	
	1848	1858	1896	1898
이완용		출생	아관파천을 돕다.	전북 관찰사로 좌천되다.

제1조. 일본국 정부는 도쿄에 있는 외무성을 통하여 금후 한국과 외국의 관계 및 사무를 감리·지휘하고, 일본국의 외교 대표자와 영사(領事)는 외국에 재류하는 한국의 관리와 백성, 그 이익을 보호한다.

제2조. 일본국 정부는 한국과 타국 사이에 현존하는 조약의 실행을 온전하게 할 책임을 지며, 한국 정부는 금후 일본국 정부의 중개를 거치지 않고서는 국제적 성질을 가진 어떠한 조약이나 약속을 하지 않을 것을 약속한다.

— 「을사조약」 중에서

한규설

일제가 무력으로 대한제국의 외교권을 뺏으려 하는데, 어찌 이리들 가만히 계십니까! 지금 당장 들고일어나 이토 히로부미와 일본군의 만행을 꾸짖어도 모자랄 판인데 말이지요. 우리 대신들은 대한제국을 대표하는 사람으로서 백성들을 보호하고 나라의 주권을 지킬 의무가 있습니다.

이완용

일제의 뜻을 따르는 것이 지금 당장은 치욕스러울 수 있습니다. 그러나 냉정하게 생각해 보세요. 무조건 반대한다고 해결되는 일도 아니거니와 일제에 외교권을 넘기는 것이 대한제국에 오히려 도움이 될 수도 있습니다. 훗날에는 조약에 찬성표를 던진 우리 대신들의 선택이 현명했다고 평가될 겁니다. 후손들은 우리를 충신이라고 부르겠지요.

을사늑약에   조선교육회를
반대하다.   조직하다.   사망

〇 1905 〇 -------- 〇 1920 〇 -------- 〇 1926 〇 -------- 〇 1930 〇

을사늑약에   사망
찬성하다.

대한제국을 두고 러일전쟁이 벌어지다 ————

아관파천으로 러시아 공사관에 머물던 고종은 1897년 2월 덕수궁으로 환궁합니다. 그리고 조선을 열강의 간섭을 받지 않는 자주국으로 만들겠다고 다짐했어요. 국호를 조선에서 대한제국으로 바꾸고, 자신은 황제로 즉위했죠. 상공업을 진흥시키기 위해 공장을 설립하고, 도시에 전차·전등을 설치하는 등 근대적인 개혁, 곧 광무개혁을 펼쳤고요. 하지만 황제의 권력을 공고히 하는 데 중점을 둔 고종의 개혁은 큰 성공을 거두지 못했답니다. 국력이 강해지기는커녕 시간이 갈수록 주변국의 간섭과 침탈을 더욱 많이 받게 됐죠.

그 당시 일제와 러시아는 한반도를 비롯한 동아시아의 패권을 차지하기 위해 혈안이 되어 있었어요. 일제는 대한제국을 독차지하기 위해 러시아와 대립하던 영국에 동맹을 제안하기도 했죠. 영국도 일제를 지원하는 것이 아시아에 자신들의 영향력을 확대하는 데 도움이 될 거라 판단해 이를 수락했고요. 그렇게 1902년 영국과 일제는 군사동맹을 체결합니다. 힘이 강한 영국의 지원을 받게 되면서 거리낄 게 없어진 일제는 1904년 2월, 중국 뤼순 항구에 정박한 러시아 함대를 기습 공격하며 전쟁을 일으켰어요. 이 전쟁이 바로 러일전쟁이에요. 전쟁 중에는 미국과 가쓰라·태프트협정*을 맺으며 대한제국을 식민지로 삼기 위한 발판을 마련했죠. 그리고 1905년 영국과 미국의 지원에 힘입어 러일전쟁에서 승리한 일제는 대한제국을 향한 야심을 본격적으로 드러냈답니다.

외교권을 빼앗길 위기에 처하다 ————

러일전쟁에서 이긴 일제는 대한제국을 식민지 삼기 위해 일왕의 특사 자격으로 관료를 보냈어요. 그가 바로 이토 히로부미입니다. 여러분에게도 무척 익숙한 이름이죠? 이토 히로부미는 고종에게 대한제국의 외교권을 일제에 넘기라고 회유했지만, 고종은 이를 단호하게 거절합니다. 이전까지 일제의 무리한 요구를 좀체 거절하지 못하던 고종이었지만 이 사안만큼은 무척 다르게 반응했죠. 외교권을 넘겨주는 행위는 한 나라의 주권을 넘겨주는 것과 다름없다는 사실을 너무도 잘 알았으니까요.

A라는 친구가 여러분에게 100만 원을 빌려 달라고 청하는 상

● **가쓰라·태프트협정** 1905년 일본 총리 가쓰라 다로와 미국 육군 장관 태프트가 주도하여 맺은 일제와 미국의 비밀 협정. 일제는 미국이 필리핀을 식민 통치 하는 것을 인정하고, 미국은 대한제국에 대한 일제의 식민 통치를 인정한다는 내용이 포함돼 있다.

당시 손탁호텔의 모습.
서울 정동에 있었으나 소실되고 현재는 터만 남아 있다.

황을 생각해 볼까요? 여러분은 빌려주기 싫은데 B라는 친구가
대뜸 나타나서 여러분의 대변자라며 돈을 빌려주겠다고 결정합
니다. 그러고는 여러분에게 A에게 100만 원을 주라고 강요하죠.
이때 여러분이 B의 말을 거부하지 못하고 A에게 100만 원을 준
다면, 여러분과 B는 동등한 관계일까요? 이 선택은 여러분의 의
지에 따른 자유로운 선택일까요? 그렇지 않죠. 국가 간의 관계도
마찬가지예요. 외교권을 일제에 넘기는 것은 대한제국이 국제 관
계에서 어떠한 목소리도 내지 못한 채 일제의 명령에 따라 움직

이겠다는 말과 똑같습니다. 일제의 식민지라고 인정하는 것과 다를 바 없죠.

고종은 외교권을 넘기는 조약 문서에 절대 서명할 수 없다고 강경하게 버티며 이토 히로부미를 궁궐에서 내쫓습니다. 그러자 이토 히로부미는 협상 상대를 바꾸었어요. 구한말 서구 열강의 외교관들이 모이던 손탁호텔과 일본 공사관으로 대한제국의 대신들을 불러 외교권을 넘기는 데 협조하라고 협박했죠. 하지만 대신들은 고종이 허락하지 않는 한 동의할 수 없다고 한목소리를 냈어요. 대화로는 외교권을 빼앗기 어렵다고 판단한 이토 히로부미는 무력을 동원해 대한제국 정부를 겁주기로 마음먹고, 1905년 11월 17일 군대를 이끌고 고종이 기거하던 덕수궁을 포위합니다.

일제의 위협에도 굴하지 않다 ─────

사태가 심각해지자 고종은 이토 히로부미를 만나지 않기로 결심했어요. 무력을 동원한 일제에 맞서다 더 큰 화를 입을 수 있으니 회피를 최선의 대응책으로 택한 것이었죠. 고종은 인후염으로 자리에서 일어날 수 없다고 거짓말하며 이토 히로부미와의 만남을 거절했답니다. 그러자 이토 히로부미는 국정 문제의 결정권을 가진 여덟 명의 대신을 덕수궁 내 왕실 도서관인 중명전으로 모이게 했습니다. 총칼로 중무장한 일본군을 배치해 공포감을 조성하며 협약에 찬성하라고 협박했죠. 모두가 겁에 질려 서로의 눈치를 보던 그 순간, 총리대신을 보좌해 나라의 전반적인 정사를 맡아보던 의정부 참정대신 한규설이 자리에서 일어나 큰 소리로 일본군의 무례한 태도를 꾸짖었어요.

일제의 위협에도 아랑곳하지 않고 대한제국을 위해 목소리를 낸 한규설. 그는 도대체 어떤 인물이었을까요? 한규설은 28세에 진주 병사로 임명될 정도로 뛰어난 무인이었습니다. 불의를 보면 참지 않았고, 주변의 시선에도 크게 괘념치 않고 자신의 생각을 관철해 나가는 성격으로 유명했죠. 일례로 한규설은 개화파 인사 유길준이 『서유견문』을 완성할 수 있도록 도왔다고 해요. 그 당시 한규설은 갑신정변에 연루되어 자택에 연금된 유길준을 감시하는 책임자였는데요, 서구 문물을 수용해 조선을 발전시켜야 한다는 유길준의 생각에 깊이 공감해 그가 책을 써 내려갈 수 있도록 지원했죠. 역적을 도운 죄로 문초를 당할 수 있다는 사실을 알면서 말이에요. 늘 공명정대했던 한규설은 1896년, 구한말 법을 관장하는 법부의 가장 높은 벼슬인 법부대신 겸 고등재판소의 재판장 자리에 올랐어요. 대한제국 시기에는 의정부 참정대신에 임명돼 국정을 이끌었고요.

다시 1905년의 중명전으로 돌아가 보죠. 평생 백성과 나라를 위해 살아온 한규설은 일제의 무례한 행동에 분개했어요. 자신을 제재하던 일본 병사를 힘으로 밀어제친 후 고종을 만나기 위해 회의장을 빠져나갔죠. 하지만 한규설은 그길로 일본군에 의해 골방에 감금돼 협약이 체결될 때까지 회의장으로 돌아오지 못했답니다.

누구보다 먼저 일제의 편에 서다 ────────

회의장에 남은 대신들은 한규설이 돌아오지 않자 그가 일본군에 살해됐다고 생각했어요. 모두가 두려움에 떨던 그때, 대신 한 명이 손을 들어 협약에 찬성표를 던집니다. 가장 먼저 일제의 편에 선 인물, 그가 바로 그 이름도 유명한 이완용이에요.

이완용은 경기도 광주의 가난한 양반 집안에서 태어나 명망 있는 친척집에 입양돼 자랐습니다. 어린 시절부터 총명했던 그는 25세에 과거에 급제해 정계에 발을 디뎠죠. 1887년에는 한국 최초의 근대식 공립학교인 육영공원에 입학해 교육을 받고, 미국에서 1년간 머무르며 서구의 학문을 익혔고요. 그 후 그는 미국을 가장 잘 아는 관료로 인정받으며 요직에 임명돼 승승장구합니다.
1896년에는 고종의 아관파천을 도우며 신임을 얻어 외교부와 군

을사늑약이 무효인 이유

을사늑약은 체결 당시부터 국제사회에 효력 없는 조약으로 인식되었어요. 그 이유는 첫째, 일본이 군대를 동원하여 온갖 불법적인 방법으로 강제 체결 한 데 있어요. 둘째, 대한국 국제 제9조에 따르면 조약을 체결하는 권한은 황제에게만 있어요. 그런데 을사늑약은 외부대신의 직인만 찍혀 있어요. 셋째, 을사늑약에 서명한 외부대신 박제순과 일본 특명전권공사 하야시는 조약과 관련하여 권한을 위임받은 사실이 없어요. 넷째, 조약을 승인하는 비준서가 없이 협정문만 있다는 것은 대한제국이 을사늑약을 인정한 적이 없음을 의미합니다. 그래서 을사늑약 이후 일제가 우리를 대신하여 맺은 모든 조약과 협정은 무효가 됩니다.

한일의정서 체결 기념사진

부 등 다섯 부문에서 주요 직책을 동시에 맡았죠. 권력을 독점하기는 했지만, 이때까지만 해도 이완용은 나라를 배신하지 않았어요. 고종에게 충성하며 그가 덕수궁으로 환궁할 수 있도록 여러 활동을 벌였죠.

하지만 1897년부터 그의 출세 가도에 금이 가는 사건이 하나둘 발생하기 시작했어요. 먼저 자신이 회장으로 있던 독립협회와 고종의 사이가 틀어지면서 이완용은 전북 관찰사로 좌천을 당합니다. 얼마 지나지 않아 대한제국의 각종 이권을 러시아나 미국 등 열강에 넘겨준 책임을 물어 독립협회에서도 쫓겨나게 됐죠. 하지만 그는 호시탐탐 중앙 정계로 돌아갈 기회를 노렸고, 1901년 다시금 고종의 눈에 들어 왕실에 관한 모든 일을 맡아보던 궁내부 관료로 복귀합니다. 이후 러일전쟁으로 대한제국을 둘러싼 국내외 정세가 혼란스러워지자 친일파로 노선을 틀어 일제에 적극적으로 협력하기 시작했어요. 그 대가로 교육에 관한 일을 맡아보던 학부의 가장 높은 벼슬인 학부대신의 자리에 올랐고요.

1905년 중명전, 이완용이 조약에 적극적으로 찬성하고 나서자 눈치를 보던 외부대신 박제순·내부대신 이지용·군부대신 이근택·농상공부대신 권중현도 곧바로 찬성표를 던졌습니다. 이토 히로부미는 여덟 명 중 다섯 명이 찬성했으니 다수결의 원칙에 따라 조약이 성립한다며 외부대신의 직인을 빼앗아 서류에 날인해 버렸죠. 그렇게 1905년 11월 17일 대한제국의 외교권은 허망하게 일제에 넘어가고 맙니다. 참으로 황당하고 분노가 차오르는 역사의 한순간이 아닐 수 없어요.

을사늑약 그 이후 ────────

고종은 자신의 서명 없이 강압적으로 맺어진 을사늑약이 무효임을 알리기 위해 백방으로 노력했어요. 1907년 네덜란드 헤이그에서 열린 만국평화회의에 이준·이상설·이위종을 특사로 보내 을사늑약의 부당함을 세계 각국에 알리고자 했죠. 하지만 일제의 방해 및 열강들의 외면으로 헤이그 특사는 별다른 성과를 거두지 못했고, 오히려 이 일로 인해 고종은 강제로 퇴위당하고 말았답니다.

한규설은 을사늑약 이후 중추원 고문 겸 궁내부 특진관의 자리에 오릅니다. 을사늑약에 분노해 수많은 관료가 관직을 버리고 떠나는 상황 속에서 누군가는 조정에 남아 일제의 야심을 저지해야 한다고 생각했거든요. 하지만 혼자만의 힘으로 이를 막기란 역부족이었고, 결국 1910년 대한제국은 일제의 식민지가 되고 맙니다. 이후 한규설은 일제가 그에게 내린 남작 작위를 거부하고 고향에 돌아가 칩거 생활을 시작합니다. 일제에 협력할 의사가 추호도 없음을 보여 주었죠. 시간이 흘러 1919년 3·1 운동이 일어나자 한규설은 항일운동에 뛰어들었어요. 뛰어난 인재를 육성하는 고등교육기관을 세우는 것이 나라를 되찾는 길이라 생각해 조선교육회를 조직하고 민간 대학 설립 운동을 이끌었죠.

반면에 이완용은 을사늑약 이후 노골적으로 일제에 협력하며 대한제국을 식민지로 만드는 데 앞장섰습니다. 이토 히로부미를

한국사 속 별별 사건

이완용 암살 시도 사건

1909년 12월, 명동성당에서 벨기에 황제 추도식에 참석하고 나오는 이완용에게 한 청년이 다가왔어요. 이윽고 그는 이완용의 복부와 어깨를 여러 차례 칼로 찔러 중상을 입혔죠. 한 치의 망설임도 없이 거사를 치르고 '대한 독립 만세'를 외친 그는 바로 23세의 젊은 독립운동가 이재명이었습니다. 미국에서 노동자로 평범하게 살아가던 이재명은 을사늑약과 한일신협약 체결 소식을 듣고 조국으로 돌아와 항일운동에 가담했습니다. 각지를 돌아다니며 동지들을 규합하고 이토 히로부미 및 나라를 일제에 팔아먹은 매국노를 처단할 계획을 세웠죠. 자신의 손으로 민족 반역자인 이완용 암살을 시도한 일로 1910년 사형을 선고받고, 24세의 나이로 순국하였습니다.

을사오적

이완용(1858~1926) 내각 총리대신에 임명되어 한일협약과 한일병합조약을 주도하였다. 일제강점기 백작에서 후작으로 신분이 높아지며 많은 재물로 호의호식하다가 이재명 의사의 칼에 맞은 후유증으로 1926년 죽었다.

이지용(1870~1928) 을사늑약 이후 일본 정부로부터 욱일동화대수장을 받고, 국권피탈 후에는 백작 작위와 많은 재물을 받았다. 1912년 도박죄로 태형 100대를 선고받고 중추원 고문에서 해임되었으나, 일제에 많은 기부금을 납부하여 백작 지위를 회복하였다. 중추원 고문, 조선귀족회 이사로 활동하다가 1928년 죽었다. 이지용은 자신을 병자호란 당시 항복을 주장하여 조선을 살린 최명길에게 비유하며 을사늑약 서명이 나라를 위한 충정이었다는 궤변을 늘어놓았다.

박제순(1858~1916) 1910년 총리대신 서리로 경찰권을 일본에 이양하는 각서에 서명하고, 한일병합조약 체결 과정에서 내부대신으로 참석하여 가결하였다. 공로를 인정받아 자작 작위와 중추원 고문으로 임명되어 친일 행각을 벌이다 1916년 죽었다.

권중현(1854~1934) 국권피탈 이후 자작 작위와 재물을 받았다. 1934년 80세로 죽을 때까지 조선사편찬위원회, 친일 단체인 동민회 회원으로 활동하며 친일 행각을 이어 나갔다.

이근택(1865~1919) 독립운동가의 공격을 받기도 했지만, 자작 작위와 중추원 고문으로 편안한 삶을 살다가 1919년 죽었다.

스승으로 떠받들면서, 조정에서 가장 높은 관직인 내각 총리대신의 자리에 앉아 고종을 퇴위시키는 데 일조했죠. 1907년에는 한일신협약 체결을 추진하고, 1910년에는 한일병합조약에 찬성하는 등 일제에 나라를 팔아먹는 행위를 일삼았고요. 일제로부터 후작 작위를 받으며 호의호식하던 그는 암살 시도 사건 때 칼에 맞은 후유증으로 병을 앓다 1926년 세상을 떠납니다.

아마 이완용은 살아생전 스스로를 시류에 잘 편승하는 유능한 인물이라고 생각했을 거예요. 하지만 과거에도 지금도 그를 향한 사람들의 평가는 한결같습니다. 나라를 팔아먹은 매국노라고 손가락질하죠. 실제로 이완용을 비롯해 을사늑약에 찬성한 박제순·이지용·이근택·권중현, 이 다섯 명은 을사오적이라고 불린답니다. '호랑이는 죽어서 가죽을 남기고, 사람은 죽어서 이름을 남긴다.'라는 속담이 있죠. 여러분은 훗날 자신의 이름이 어떻게 기억되면 좋겠나요? 그러기 위해선 어떤 삶을 살아야 할까요? 한규설과 이완용의 일생을 곱씹으며 한번 고민해 보세요.

같은 시대,
다른 문학

김동인	출생		2·8 독립선언에 참여하다.	
	1900	**1901**	**1919**	**1923**
이상화		출생	3·1 운동 때 대구 학생 봉기를 주도하다.	관동대지진을 경험하다.

김동인

난 누구보다 우리 대한을 사랑하는 사람이오. 그러지 않고서 어찌 2·8 독립선언에 참여하고 우리말로 소설을 썼겠소? 내가 한 가지 잘못한 점이 있다면, 사회가 일제에 머리를 조아리려야 한다고 이구동성으로 말하는 데 반대하지 않은 것이지요. 일제에 복종한 표면적인 행위보다는 문학을 향한 나의 순수한 마음을 알아봐 주시오.

이상화

당신의 말은 추악한 변명에 불과하오. 일제의 탄압에도 불구하고 펜을 꺾지 않은 수많은 동료 문인을 넘어 대한을 사랑하는 2,000만 동포에 대한 모독이오. 나라를 진정으로 생각하는 자라면 아무리 독립이 요원해 보일지라도 일제에 빌붙지 않소이다. 그대가 어떤 말로 포장하든, 얼마나 빼어난 글을 쓰든 당신이 일제에 협력한 사실은 변치 않는다는 점을 기억하시오.

단편소설 「감자」를
발표하다.

일제를 옹호하는
글을 쓰기 시작하다.

사망

1925 ---- **1926** ---------- **1938** ------- **1943** ---- **1951** ---

시 「빼앗긴 들에도 봄은
오는가」를 발표하다.

사망

친일 문학이 강요되다 ─────────

1937년 일제는 중국 대륙을 차지하기 위해 중일전쟁을 일으켰습니다. 그 당시 중국은 여러 군벌로 분열되어 있었기 때문에 손쉽게 전쟁에서 승리할 것이라고 생각했거든요. 하지만 예상과 달리 중국 국민당과 공산당이 단결해서 일제에 맞섰어요. 이 사건이 국공합작(國共合作)이지요. 전쟁이 생각보다 길어지자 일제는 전쟁을 치르기 위해 막대한 자금을 모아야만 했습니다. 자금을 갈취하기 위해 일제는 동남아시아를 침략하고 그곳의 주요자원과 노동력을 수탈했어요. 이 같은 일제의 세력 확장을 탐탁잖게 여기던 영국과 미국이 제재를 가하자 1941년 12월 7일 미국 진주만을 기습하며 태평양전쟁을 일으키기도 했지요.

세계 곳곳에서 전쟁을 벌인 일제는 식민지였던 우리나라에서도 전쟁에 필요한 물자와 인력을 수탈했습니다. 철제 기구는 물론 놋그릇과 수저 등 자원이 될 만한 모든 걸 빼앗아 갔고, 곡물생산량의 40~60퍼센트를 일제로 반입하는 공출제도를 시행했죠. 이뿐만 아니라 무기와 공산품을 생산하기 위해 우리나라 사람들을 강제로 징용하고, 학생 및 민간인을 강제로 징병해 전쟁터로 끌고 가기도 했답니다. 일제의 무자비한 수탈에 많은 사람들이 분노했고, 이에 협조하지 않으려는 움직임을 보였어요. 그러자 일제는 예술가들에게 일왕을 찬양하고 징용과 징병을 독려하는 예술 활동을 펼치라 강요하기에 이릅니다. 예술이 사람들에게 끼치는 막대한 영향력을 알고 있었기 때문이죠. 일제를 따르지 않으면 불이익을 주는 것을 넘어 처벌하겠다는 엄포에 우리나라의 예술가들은 선택을 해야 했습니다. 일제에 복종하여 친일 예술가가 될지, 아니면 일제의 핍박에 굴하지 않고 우리나라 사람들을 위한 예술 활동을 이어 갈지 말이에요.

짧았던 김동인의 독립운동 ————

김동인이라는 작가를 아나요? 이름은 낯설지 몰라도 여러분은 적어도 한 번쯤 그의 작품을 읽어 봤을 겁니다. 그의 대표작 「감자」, 「배따라기」, 「광염 소나타」 등은 국어 교과서에 단골처럼 등장하거든요. 일제강점기에 활발히 활동한 김동인은 우리나라 근현대 문학을 대표하는 작가 중 한 명이에요. 사실주의적 수법을 비근대적인 문체를 사용해 우리 문학의 새로운 지평을 열었으며, 1919년에 우리나라 최초의 문예 동인지 《창조》를 간행하기도 했지요.

평양의 부유한 집안에서 태어난 그는 어린 시절부터 일본에서 유학할 정도로 유복하게 자랐습니다. 막대한 유산을 상속받은 덕분에 학교를 졸업한 후에도 경제적인 어려움 없이 작가로 활동할 수 있었죠.

일제강점기 초, 청년 김동인은 나라를 되찾아야 한다는 사명감에 불탔어요. 일본에서 유학하는 우리나라 학생들이 조국의 자주독립을 제창한 2·8 독립선언에 참여하고, 그해 3월에 일어난 3·1 운동을 알리는 격문을 작성할 정도였죠. 미국 윌슨 대통령의 민족자결주의에서 영향을 받아 세계 곳곳의 식민지가 독립했다는 소식을 들으며 그는 자신의 행동으로 말미암아 훗날 조국이 독립할 것이라고 믿었답니다.

하지만 현실은 그리 달콤하지 않았어요. 2·8 독립선언과 3·1 운동에 동조한 죄로 김동인은 일제에 체포되고 풀려나기를 반복했죠. 나라의 독립 또한 요원해 보였습니다. 3·1 운동의 열기는 점차 사그라들었고, 독립운동가를 향한 일제의 탄압은 더욱 거세졌지요. 그렇게 김동인의 독립운동은 끝을 맺습니다.

이후 그는 독립운동에 참여하기보다 시대적 상황이나 이념이 반영되지 않은 순수문학 소설을 집필하며 예술을 향한 탐구를 이어 갔답니다. 창작집을 자비로 출판하는가 하면,《창조》의 후신 격인 동인지《영대》를 발간하기도 하고,《동아일보》에 장편소설도 연재하며 소설가로서의 길을 걸었습니다.

김동인, 친일을 택하다 ─────

이런 김동인의 행보를 두고 식민지 현실을 외면하는 무책임한 행동이라는 비판이 제기되곤 했는데요, 이에 마음이 상한 그는 주변 문학가와 언론인을 강하게 비난하고 나섰답니다. 그 당시 잘나가던 한 문학가가 신문 편집국장 자리에 오르자 "비상한 노력 끝에 위선적 탈을 썼다."라며 문학가로서 자질이 없다고 혹평 했죠. 본디 작가라면 기자 같은 겸직을 하지 않고 순수하게 창작 활동에 몰입해야 한다고 말이에요. 하지만 앞뒤가 다르게도 그는 가세가 기울자 1933년 《조선일보》에 들어가 근무했답니다.

중일전쟁 이후 김동인은 본격적으로 일제에 협력하기 시작했 습니다. 1938년 조선총독부의 기관지 《매일신보》에 내선일체°와 황국신민화 정책°을 옹호하는 글을 게재하며 일제의 지배를 정 당화하고 나섰지요. 이듬해에는 조선총독부에 중국 주둔 일본군 을 위로하는 작가 사절단 창설을 제안하고 직접 문인들을 섭외

● **내선일체** 일제와 조선은 한 몸이라는 뜻으로, 일제강점기 때 일제가 조선인의 정신을 말살하기 위해 만들어 낸 표어.
● **황국신민화 정책** 1931년 만주사변 이후부터 한반도를 전쟁 물자를 공급하는 보급 기지로 활용하고자, 한국인의 정체성과 민족정신을 말살하려 했던 정책. 우리나라 곳곳에 신사를 설치하고 참배를 올리도록 강요했으며, 일왕에게 충성을 맹세한다는 내용의 황국신민서사를 외우고 낭송하게 했다.

하면서 친일 행보를 이어 갔고요. 이 같은 공을 인정받아 그는 친일 단체 조선문인협회에서 앞장서서 어떤 일을 할 것을 주장하고 그 방안을 마련하는 발기인 자리까지 올랐답니다. 일제를 향한 그의 충성심이 어찌나 대단했던지 1942년 태평양전쟁을 지지하는 글에 일왕을 낮게 표현했다는 이유로 옥고를 치렀음에도 불구하고 일제를 원망하기는커녕 강제 징병을 옹호하는 글을 연이어 발표하기도 했죠.

이상화, 시에 저항 정신을 담다 ————

김동인과 비슷한 유년 시절을 보냈지만 전혀 다른 길을 걸었던 예술가가 있습니다. 바로 일제강점기 우리 민족을 대표하는 저항 시인이었던 이상화죠. 대구에서 알아주는 부호의 아들로 태어난 그는 어려서부터 나라를 향한 사랑이 남달랐다고 해요. 학생 시절 고향 대구에서 3·1 만세운동을 이끌었고, 청년이 되어서는 문예 동인지《백조》에 독립을 염원하는 작품들을 실으며 항일 활동을 해 나갔지요.

그러던 1922년 이상화는 프랑스 유학을 목적으로 일본 도쿄로 넘어가 외국어 전문학교 아테네프랑세에서 수학하기 시작했는데요, 공부한 지 1년 정도 지났을 무렵 그의 삶을 송두리째 바꾼 사건이 발생합니다. 1923년 9월 도쿄를 비롯한 간토 지방에 관동대지진이 일어난 거예요. 이 사건 직후 일본에 살던 수많은 조선인이 무참히 학살당했고, 이상화도 더는 일본에서 유학 생활을 지속할 수 없어 한국으로 돌아오게 됐지요.

관동대지진 때 일제에 의해 조선인들이 참혹하게 학살되는 광경을 목격한 이상화는 식민 지배에 따른 민족적인 설움을 예술로 승화하기 시작했습니다. 「빼앗긴 들에도 봄은 오는가」, 「금강

한국사 속 별별 사건

관동대지진

1923년 9월 1일 일본 중부의 간토(관동) 지방에서 발생한 대지진이에요. 지진이 자주 일어나는 일본이지만 나라의 심장부라고 할 수 있는 대도시 도쿄와 요코하마가 지진의 직격탄을 맞아 피해가 유독 심각했다고 하죠. 엎친 데 덮친 격으로 지진의 여파로 발생한 화재가 쉬이 사그라들지 않은 탓에 인명 피해는 더 심각했답니다. 이 지진으로 인한 사망자는 무려 10만여 명에 달했어요. 일본 내각은 국민들의 불만을 다른 곳으로 돌리기 위해 일본에 사는 조선인들이 폭동을 일으켰다는 유언비어를 퍼뜨렸는데요, 이 소문은 금세 조선인이 우물에 독을 타고 방화를 저지른다는 이야기로 와전됐어요. 이에 분노한 일본 사람들이 자경단을 꾸려 무고한 조선인 수천 명을 무차별적으로 학살하는 비극이 일어났지요.

송가」, 「역천」 등 식민 지배의 슬픔과 일제를 향한 저항 정신을 담은 시를 발표했죠. 그중에서도 식민지 조선을 빼앗긴 들로, 염원하는 독립을 봄으로 비유한 「빼앗긴 들에도 봄은 오는가」는 민중에게 큰 사랑을 받았답니다. 이 외에도 그는 사회주의 예술인 단체 카프(KAPF)에서 활동하며 문학 운동을 전개하고, 대구 교남학교(현재 대륜중고등학교)에서 교사로 일하며 학생들이 항일 의식을 기를 수 있도록 도왔어요.

빼앗긴 들에도 봄은 오는가

지금은 남의 땅 — 빼앗긴 들에도 봄은 오는가?

나는 온몸에 햇살을 받고
푸른 하늘 푸른 들이 맞붙은 곳으로
가르마 같은 논길을 따라 꿈속을 가듯 걸어만 간다.
(중략)

내 손에 호미를 쥐어 다오.
살진 젖가슴과 같은 부드러운 이 흙을
발목이 시도록 밟아도 보고, 좋은 땀조차 흘리고 싶다.

강가에 나온 아이와 같이,

짬도 모르고 끝도 없이 닫는 내 혼아.

무엇을 찾느냐, 어디로 가느냐, 웃어웁다, 답을 하려무나.

나는 온몸에 풋내를 띠고,

푸른 웃음 푸른 설움이 어우러진 사이로

다리를 절며 하루를 걷는다. 아마도 봄 신령이 지폈나 보다.

그러나 지금은 ― 들을 빼앗겨 봄조차 빼앗기겠네.

　당연히 그를 향한 일제의 탄압도 거셌겠죠? 일제는 늘 이상화를 감시했습니다. 일례로 1928년 대구의 부호들이 독립운동가의 습격을 받자, 아무런 증거가 없는데도 이상화를 관련자로 체포해서 가두었죠. 1939년에는 그가 작사한 교남학교 교가의 내용을 문제 삼으며 가택을 무단 수색 하고 그동안 집필한 원고를 모조리 압수하기도 했고요. 하지만 그는 이에 굴하지 않았습니다. 우리 문학을 널리 알릴 방법을 고민하며 소설 『춘향전』을 영어로 번역하는가 하면, 우리 민족의 문학사를 집대성한 책 『국문학사』 집필에 매진하기도 했지요.

되짚어 봐야 할 문제 ————

안타깝게도 이상화는 그토록 바라던 광복을 보지 못한 채 1943년 위암으로 세상을 떠나고 맙니다. 하지만 그가 죽은 뒤에도 민족을 대표하는 저항 시인이었던 이상화를 기리고자 하는 노력은 계속 이어졌어요. 이상화의 친구 백기만은 시인 이장희와 이상화가 살아생전 썼던 시를 모아 시집 『상화와 고월』을 출간했으며, 1939년부터 1943년까지 이상화가 머물던 주택은 '이상화 고택'이라는 이름으로 지금까지 그 자리를 지키고 있지요.

이상화가 문학을 무기 삼아 끊임없이 일제에 저항했다면 김동인은 문학을 일제에 충성하는 유용한 도구로 활용했어요. 광복 이후에는 자신의 친일 행보를 정당화하는 내용의 자전적 소설 「망국인기」와 「속망국인기」를 집필하며 문학을 변명의 수단으로 이용했지요.

하지만 그의 문학은 지탄보다는 찬사를 받는 경우가 많습니다. 심지어 문학계에는 김동인을 기리는 문학상, 동인문학상이 존재하지요. 1955년 제정된 이 상은 현재 우리나라에서 손꼽히는 문학상 중 하나예요. 뜻있는 사람들은 동인문학상을 폐지하거나 이름을 바꾸어야 한다고 주장합니다. 아무리 김동인의 문학적 성취가 뛰어나다고 해도 친일 문학가인 이상 그를 기려서는 안

된다는 뜻이지요. 여러분의 생각은 어떤가요? 우리는 누구를 어떻게 기려야 할까요? 더 나아가 역사 그리고 예술을 어떻게 바라보아야 할까요? 같은 시대를 살았지만 다른 문학의 길을 걸었던 김동인과 이상화의 삶을 되짚으며 한번 고민해 보세요.

3부

협력과 합심,
변화를 이끌다

조선 후기 최고의 파트너

정조	출생		조선 22대 국왕으로 즉위하다.	
	1752	1762	1776	1789
정약용		출생		대과 급제 후 관직 생활을 시작하다.

임금과 신하의 관계는 높은 하늘과 낮은 땅 사이와 같다고 하겠지만, (중략) 음식을 내려 주시고 즐거운 낯빛으로 대해 주시니, 그 친근함이 마치 한 집안의 아버지와 아들 사이 같았으며, 엄하고 강한 위풍을 짓지 않았다. 그러므로 여러 신하들이 각기 말하고자 하는 것을 숨김없이 아뢰니 혹 백성들의 고통과 답답한 사정이 있어도 환하게 들을 수 있었다.

— 정약용의 「부용정시연기」 중에서

정조

수많은 사람이 나를 보필하고 있지만, 그중에서도 정약용 자네는 유독 특별하다네. 자네만큼 능력이 출중하면서 내 뜻을 잘 알아차리는 이가 없으니 말일세. 자네 덕분에 편하게 정치를 펼칠 수 있었네. 참으로 고마워. 그러고 보면 자네와는 재밌는 추억이 참 많아. 기억하는가? 지금 같은 술자리에서 내가 따라 준 술을 억지로 마시고는 한껏 괜찮은 척했던 일을 말이야.

정약용

그걸 어찌 잊을 수 있겠습니까, 전하. 그때는 참으로 짓궂으셨습니다. 물론 전하께서 저를 가깝게 여겨 그러하신 것은 잘 압니다. 자식처럼, 때론 어린 동생처럼 편하게 대해 주신 덕분에 저도 속이야기를 마음껏 털어놓을 수 있었지요. 전하를 이토록 가까이에서 보필하며 새로운 조선을 만드는 데 한 몸 보탤 수 있어 영광이옵니다.

개혁 정치를 추진하다.	수원 화성을 착공하다.	사망	
1792	**1794**	**1800**	**1836**
왕명으로 화성 설계를 담당하다.			사망

사도세자의 아들, 정조 ————

정조의 아버지 사도세자에 얽힌 이야기를 알고 있나요? 사도세자는 영조가 마흔한 살에 후궁에게서 얻은 아들이에요. 첫아들 효장세자가 어린 나이에 죽은 후 왕위를 계승할 아들을 낳지 못하던 영조에게 사도세자는 눈에 넣어도 아프지 않을 소중한 자식이었어요. 더욱이 두 살에 한자를 읽고 뜻을 이해할 만큼 영특했으니 얼마나 예뻤겠어요. 그러나 사도세자는 커 가면서 영조와 갈등을 빚었어요. 학문에 정진하기를 바란 영조와 달리 사도세자는 무예를 더 즐겼거든요. 영조 또한 정치적인 위기가 닥칠 때마다 선위하겠다는 의사를 밝히며 사도세자를 힘들게 했지요. 선위는 왕이 살아 있으면서 다른 사람에게 왕위를 물려주는 일을 말해요. 조선의 왕은 정치적으로 곤경에 빠졌을 때 국면 전환을 위해 선위를 활용했는데, 영조가 선위를 선언할 때마다 사도세자는 이를 거두어 달라며 몇 날 며칠을 석고대죄하곤 했지요.

사도세자는 아버지와의 불편한 관계에서 괴로워하다가 사람을 해치는 등 여러 비행을 저지릅니다. 그런 가운데 1762년 사도세자가 수많은 잘못을 저질렀으며 역모를 꾀하고 있다는 고발 문서가 영조에게 전달됐죠. 영조는 크게 분노해 사도세자에게 자결할 것을 명했어요. 사도세자가 눈물을 흘리며 용서를 빌었지만 영조의 뜻은 변하지 않았어요. 결국 사도세자는 뒤주로 추정되는 물건에 갇혀 죽고 말았답니다. 정조가 고작 열한 살 때 벌어진 일이었어요. 할아버지가 아버지를 죽인 이 사건이 어린 정조에게 얼마나 큰 충격이었을까요?

사도세자를 죽음으로 몰아간 관료들은 정조가 왕으로 즉위하는 것을 반대했어요. 국왕이 된 정조가 아버지의 복수를 하겠다며 관련자를 처벌할 수 있었으니까요. 이에 영조는 어린 정조를 죽은 효장세자의 양자로 입적시켜 왕위를 잇게 만들었어요. 역모의 죄로 죽은 사도세자의 그늘에서 벗어나게 해 왕위 계승의 정통성을 확보한 것이었죠. 영조의 보호 아래 정조는 학문과 무예를 갈고닦으며 국왕으로서의 자질을 갖추어 나갔답니다. 그는 다방면으로 재능이 출중했는데, 성리학과 관련해서는 어느 신하와 토론하여도 지지 않았다고 해요. 활쏘기 실력도 뛰어나 100발을 쏘면 99발을 과녁에 맞힐 정도였다고 하죠.

왕이 된 정조의 행보 ————

나이가 든 영조는 세손이던 정조에게 대리청정을 맡겼어요. 즉위 전 정조가 실무 경험을 쌓길 바라는 마음에서였죠. 하지만 수많은 신하들이 이를 반대했습니다. 정조는 죄인 사도세자의 아들이니 왕위를 계승할 수 없다고 말하는가 하면, 정조에게 조정의 일에 더 이상 관여하지 말라고 경고하기까지 했어요. 이 같은 위협은 정조가 왕이 된 이후에도 계속됐는데요, 정조가 즉위한 1776년에는 암살 시도까지 일어났답니다. 사도세자의 죽음에 관여한 홍계희의 집안에서 정조를 죽이기 위해 궁으로 자객을 보낸 거예요.

물론 정조는 이에 겁먹지 않았어요. 역모 사건을 기회로 삼아 반대 세력을 제거하고 힘을 키웠지요. 먼저 정조는 국왕의 호위를 담당하는 기관인 숙위소를 설치하고 가장 신임하는 신하 홍국영을 대장으로 앉혔습니다. 그리고 노론이 장악하고 있던 다섯 군영 중 일부를 폐지했죠. 장군을 임명할 때는 반드시 국왕의 허

한국사 속 별별 세력

노론

숙종 때 정국 운영과 남인에 대한 처리 등을 두고 서인에서 갈라져 나온 붕당으로, 대표적인 인물 송시열이 있어요.
성리학적 명분론을 강조하며 연잉군(영조)을 지지하다가, 경종 때 소론의 반격으로 영의정 김창집을 비롯한 노론의 고위 관료 네 명이 처형되는 신임사화를 겪으며 세력이 약화합니다. 영조 즉위 후 이인좌의 난으로 소론이 약화하자 정국을 주도해요.

락을 받도록 법을 바꾸기도 했어요. 이를 통해 정조는 나라의 병력을 완전히 장악했답니다.

한편 정조는 즉위 후 창덕궁 후원에 왕실 박물관이자 도서관 역할을 할 새로운 건물을 세웠는데요, 이 건물이 바로 규장각이에요. 초기에는 역대 왕들의 친필, 서화 등을 관리하기 위한 곳이었으나 점차 학술 및 정책 연구 기관으로 자리 잡아 갔습니다. 정조는 능력이 출중함에도 불구하고 주목받지 못하는 젊은 관료들을 규장각 관리로 선발했어요. 이들이 마음껏 공부한 다음 조정의 각 분야에서 활약할 수 있도록 적극 지원했죠. 이런 행동에는 규장각을 통해 자신을 보필할 세력을 키우려는 의도가 담겨 있어요. 그 결과 노론이 아닌 당파의 인재들과 그동안 양인·천민 어머니를 두어 핍박받았던 서얼이 등용돼 조선의 개혁을 이끌었어요.

규장각 출신으로 정조의 개혁 정치를 도운 인물로는 뛰어난 문장으로 청나라에까지 이름을 알린 문인 이덕무, 발해의 역사를 우리 것이라 주장한 『발해고』의 저자 유득공, 『북학의』를 통해 선진 문물 수용과 상공업 진흥을 강조한 박제가 등이 있어요. 그중 가장 유명한 사람은 뭐니 뭐니 해도 조선 후기를 대표하는 실학자 다산 정약용이지요.

정조와 정약용의 관계 ─────

정약용은 오늘날 경기도 광주에서 지방관을 지낸 정재원의 넷째 아들로 태어났어요. 네 살 때 천자문을 외우고 일곱 살 때 한문으로 시를 짓는 등 어려서부터 총명함을 뽐냈죠. 그 솜씨가 어찌나 뛰어났던지 정약용이 어린 시절 지은 시들을 모아 그의 큰형이 책을 편찬하기까지 했답니다. 많은 이들의 관심과 기대 속에 정약용은 성균관에 입학했고, 이내 정조의 눈에 띄어 관료 생활을 시작했어요.

정조는 자신보다 열 살 어린 정약용을 신하로서 신임하는 동시에 친구처럼 편하게 여겼는데요, 그래서인지 둘 사이에 재미있는 일화들이 많아요. 정조는 문무 모두에 능통해야 한다며 정약용에게 활쏘기를 자주 시켰다고 해요. 그때마다 정약용은 온종일 활시위를 당겼고, 다음 날 팔을 올리지 못할 정도로 심한 근육통을 호소했죠. 이를 본 정조는 힘을 키워야겠다며 정약용을 한참 동안 놀렸고요. 그런가 하면 정조는 창덕궁 후원 내 연못 부용지에서 신하들과 연회하는 걸 즐겼는데요, 자신이 운을 띄운 시구로 제시간 안에 시를 짓지 못한 신하들을 연못 가운데 있는 조그만 섬으로 일종의 유배를 보냈대요. 정약용 또한 정조의 짓궂은 장난으로 이곳으로 유배를 간 적이 있다고 하죠.

창덕궁 후원의 부용지

또한 '취하지 않으면 집에 가지 못한다(불취무귀)'는 말을 남겼을 정도로 술을 좋아한 정조는 유독 정약용과의 술자리를 즐겼는데, 술을 즐기지 않은 정약용은 정조가 술자리를 제안하면 겁부터 냈다고 해요. 붓을 꽂는 커다란 통에 술을 가득 부어 먹어야 했으니까요. 정약용은 그게 무척이나 힘들었는지 훗날 자식들에게 보내는 편지에 '술을 한 번에 마시지 말고 나누어서 마셔라. 정조 대왕께서 술을 단번에 마시라 할 때마다 나는 오늘 죽는다 생각하고 마셨다.'라고 고백했답니다.

물론 남에게 술을 억지로 먹이는 것은 잘못된 행동이에요. 하지만 그 당시 정조가 정약용에게 술자리를 권한 데는 허심탄회하게 속마음을 나누고 싶다는 마음이 담겨 있답니다. 이 같은 정조의 태도 덕분에 정약용을 비롯한 신하들이 편하게 자신의 의견을 펼칠 수 있었죠.

수원 화성과 한강 배다리 ─────

앞서 정조가 규장각을 통해 개혁 정치를 지지할 세력을 키웠다고 했죠. 그는 개혁의 마지막 단계로 아버지 사도세자의 묘를 경기도 화산(수원)으로 옮긴 다음 그곳에 군사·정치·행정의 중심지가 될 신도시 화성을 건설하겠다고 발표했지요. 여기에는 한양을 중심으로 정치와 경제를 장악한 노론 벽파 세력을 약화시켜 왕권을 강화하겠다는 의도가 있었어요. 더 나아가 아들에게 왕위를 물려준 뒤 상왕으로 화성에 머무르며 국정 운영을 돕겠다는 정조의 포부도 담겨 있었죠.

정조는 정약용이 작성한 축성 계획서 「성설」을 토대로 화성 건설을 추진합니다. 박지원, 홍대용 같은 실학자와 김홍도를 비롯한 예술가를 건설에 참여시켰지요. 1794년 1월에 짓기 시작한 수원 화성은 불과 2년 9개월만인 1796년에 완공됐는데요, 이때 정약용이 만든 거중기가 큰 역할을 했어요. 거중기는 정약용이 기계를 그림으로 그려 풀이한 명나라 서적 『기기도설』을 참고해 개발한 장치예요. 기계 위아래에 네 개의 도르래가 설치돼 작은 힘으로도 무거운 돌을 들어 올릴 수 있었죠. 거중기의 활약으로 정조는 수원 화성을 건설하는 데 드는 시간과 비용을 크게 절약할 수 있었답니다.

이에 앞서 정약용은 정조가 한강을 건너 수원 화성에 가기 위해 필요한 배다리를 만들기도 했어요. 배다리는 작은 배를 한 줄로 여러 척 띄워 놓고 그 위에 널판을 건너질러 간 다리를 말해요. 과거에도 왕의 나들이나 능으로 갈 목적으로 배다리가 만들어진 적은 있었지만, 수백여 척의 선박이 동원돼야 하는 까닭에 효율성이 떨어졌어요. 하지만 정약용이 만든 배다리는 지형과 물살을 고려한 덕분에 고작 80여 척의 배로 1,800명이 넘는 사람이 지나닐 수 있었죠. 이 덕분에 정조는 편하게 한양과 화성을 오갈 수 있었답니다. 이처럼 정조에게 있어 정약용은 자신의 뜻을 누구보다 잘 이해하고 이를 구현시키는 최고의 신하였을 거예요.

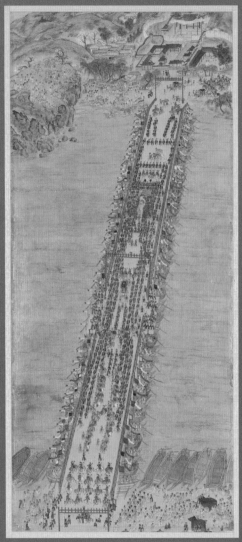

정조의 화성 행차를 묘사한 〈화성능행도〉 가운데 여덟 번째 폭인
〈한강주교환어도〉. 정약용이 설계한 배다리를 이용해 한양으로 환궁하는
행렬의 모습이 나타나 있다.

정조의 죽음과 정약용의 고난 ──────

　1800년 6월, 정조는 고질병인 종기 때문에 잠을 이루지 못할 정도의 고통에 시달립니다. 의관들이 다양한 치료를 시도했으나 아무런 소용이 없었지요. 결국 정조는 종기를 치료하지 못해 죽고 맙니다. 과중한 업무와 스트레스, 그리고 술과 담배를 즐기는 습관이 지병을 악화시켜 사망한 것으로 추측되죠.

　갑작스럽게 정조가 사망하자 그의 아들인 열한 살 순조가 왕위에 오르는데요, 순조가 어린 탓에 영조의 계비이자 왕실의 웃어른인 정순왕후가 수렴청정하며 국정을 이끌었어요. 그러자 정조의 눈치를 보던 관료들이 정순왕후를 등에 업고 정조의 측근 세력들을 박해하기 시작합니다. 정조가 살아생전 밀어붙였던 개혁안도 폐지했죠. 이 과정에서 정약용 또한 화를 피하지 못했어요. 그는 젊은 시절, 천주교를 믿었다는 이유로 귀양살이를 하게 됩니다. 무려 18년을 유배지 강진에서 보냈지요. 하지만 정약용은 이에 낙담하지 않았어요. 다산초당을 지어 그곳에서 제자들을 육성하며 세상을 올바르게 바꿀 방법을 연구했죠. 이 과정에서 『목민심서』, 『흠흠신서』, 『경세유표』 등 오늘날 정약용 하면 떠오르는 수많은 저서가 탄생했고요. 그는 귀양살이를 끝내고 돌아온 고향에서 저술 활동을 이어 가다 1836년 세상을 떠났어요.

역사에서 '이랬으면 좋았을 텐데…' 하는 가정이 무의미하다고 하지만, 어떤 사건이나 인물에 아쉬움이 남는 것은 사실이에요. 정조와 정약용의 사례가 그러하죠. 정조가 자신의 할아버지 영조처럼 장수하며 정약용과 조선의 개혁을 이어 갔다면 어땠을까요? 조선 후기 진정한 황금시대가 열리지 않았을까요? 정조의 죽음 이후 시작된 세도정치로 조선의 국력이 약해지다가 훗날 서구의 침입에 제대로 대응하지 못하고 일제에 국권을 빼앗기는

한국사 속 별별 세력

벽파

사도세자는 도의에 어긋나는 행동으로 폐세자되어 죽었고, 만약 국왕이 되었으면 나라를 망칠 인물이라 동정할 필요가 없다고 주장한 붕당이에요. 정순왕후의 수렴청정 동안 권력을 장악해 정조의 업적을 부정하고 파기했어요. 그러나 정순왕후 사후 안동 김씨의 세도정치가 시작되면서 몰락합니다. 대표적인 인물로 심환지가 있어요.

시파

사도세자의 죽음을 동정하며 정조의 정책을 지지하는 세력으로 남인과 소론 그리고 노론 일부가 참여했습니다. 순조 즉위 후 정순왕후와 벽파가 권력을 장악하면서 몰락하게 됩니다. 하지만 순조의 장인이자 시파 출신의 김조순이 권력을 잡으면서 세도정치가 시작됩니다.

역사를 떠올리면 더욱 이런 생각이 강해지죠. 여러분의 의견은 어떤가요? 함께했기에 더욱 빛났던 정조와 정약용의 생애를 되짚으며 고민해 보세요.

자주적이고
평등한 조선을 꿈꾸다

서재필	출생		미국으로 망명하다.	
	1864	1865	1885	1888
윤치호		출생		미국에서 공부를 시작하다.

지금 우리 대조선국 사람들이 독립협회를 만든 것은 무엇 때문인가? 독립이라는 것은 크게 기운을 내어 일을 추진하여 행하는 것이다. 협회를 거론한 것도 또한 크게 기운을 내어 일을 추진함에서 나온 것이다.

—《대조선 독립협회회보》창간호 중에서

서재필

미국에서 생활하며 배우고 느낀 게 있습니다. 바로 조선이 서구의 근대적인 제도와 문물을 적극적으로 받아들여야 한다는 것이죠. 더불어 국민 모두가 정치에 참여할 수 있어야 합니다. 소수의 사람이 국가 정책을 결정하는 정치 형태는 매우 위험합니다. 의회 제도를 통해 국민이 정치에 참여한다면 열강에 휘둘리지 않는 자주독립 국가로 성장할 수 있을 겁니다.

맞습니다. 국정 운영에 국민의 의견이 반영되는 의회 제도만이 조선의 위태로운 상황을 헤쳐 나갈 해법입니다. 몇몇 사람들은 제가 고종 황제를 몰아낸 뒤 부통령이 될 것이라고 주장하더군요. 이는 분명한 모함입니다. 제 바람은 국민의 의견을 수렴하여 정책에 반영할 수 있는 의회를 설치하는 것뿐입니다.

윤치호

조선에 다시 돌아오다. | 《독립신문》을 발간하고 독립협회를 세우다. | | | 사망
1895 ----- **1896** ----- **1897** ----- **1945** ----- **1951** -----
갑오개혁에 동참하다. | | 독립협회에 가담하다. | 사망

가속화하는 열강의 이권 침탈 ————

1895년 러시아를 끌어들여 일제를 견제하려던 명성왕후는 일본군과 부랑배들에게 무참히 시해됩니다. 을미사변을 기억하지요? 이 모습을 옆에서 지켜본 고종은 큰 두려움을 느끼고 일제가 건드릴 수 없는 곳, 바로 러시아 공사관으로 거처를 옮기는 아관파천을 하게 됩니다.

러시아 공사관은 서울에 위치해 있어도 러시아 법률의 영향을 받는 장소예요. 조선 안의 러시아 땅이라고 할 수 있죠. 그렇기에 백성과 외국 공사관 관료들은 고종이 조선을 등지고 러시아로 망명했다고 생각했어요. 고종의 본심은 그렇지 않았을지라도 이로 인해 왕의 권위는 대내외적으로 떨어지게 됐죠. 더불어 아관파천을 계기로 조선은 큰 위기에 빠지게 됩니다. 열강들이 고종의 신변 보호를 빌미로 삼아 조선의 이권을 빼앗아 가기 시작했거든요. 이 시기에 미국은 서울과 인천을 오가는 경인철도의 부설권과 서울 시내를 이동하는 전차의 부설권을 가져갔고, 독일은 강원도 당현 금광의 채굴권을 챙겨 갔어요. 러시아는 고종이 자기네 공사관에 머무는 점을 들먹이며 두만강 및 압록강 유역과 울릉도의 삼림 채벌권 등 다른 열강보다 더 많은 이권을 빼앗아 갔답니다.

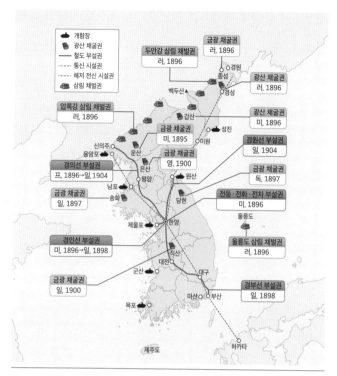

아관파천 이후 열강의 이권 침탈

독립협회를 설립하고 운영하다

　열강에게 조선의 이권을 빼앗기는 상황 속에서 많은 사람이 위기의식을 느끼고 조정의 변화를 요구했어요. 그중에는 미국으로 망명했다 조선으로 돌아온 서재필도 있었죠. 서재필은 1884년 갑신정변에 가담해 역적죄를 선고받고 미국으로 망명한 개화파 인사예요. 화를 피해 도망친 미국에서 의사 자격을 취득한 그는 환자들을 돌보며 평범한 일상을 살아갔죠. 하지만 그의 마음속에는 조선 개혁을 향한 열정이 사그라지지 않고 남아 있었어요. 의회 민주주의를 통해 국민이 정치에 참여하는 미국의 모습을 보면서, 조선에도 이 같은 정치제도가 도입되면 나라가 발전할 수 있을 거라는 장밋빛 미래를 꿈꾸었죠. 그러던 중 1895년 서재필은 자신의 꿈을 펼칠 수 있는 일생일대의 기회를 맞닥뜨립니다. 갑신정변을 함께한 박영효가 찾아와 갑신정변 주요 인사들이 사면을 받았다는 소식을 알려 주며, 고국으로 돌아와 조선 발전을 위해 힘써 달라고 청한 것이었죠.

이번에는 기필코 조선을 바꾸겠다는 굳은 의지를 다지며 서재필은 고국으로 돌아옵니다. 그리고 윤치호·이상재·남궁억 같은 개화파들과 힘을 합쳐 1896년 4월, 국제 정세 및 각종 개화 정책 등을 이야기하는 신문을 창간했어요. 이 신문이 바로 우리나라 최초의 민간 신문인 《독립신문》이에요. 그리고 그해 7월 서재필은 신문을 안정적으로 발행하고, 조선의 자주독립을 위한 활동을 적극적으로 펼치기 위해 '독립협회'라는 사회단체를 세웠답니다.

협회 운영 과정에서 창립자 서재필만큼이나 중요한 역할을 담당한 인물이 있었으니, 그가 바로 윤치호입니다. 윤치호는 일본에서 2년간 유학하며 근대 학문을 배운 인물로, 1882년 조미수호통상조약 체결 당시 미국 공사의 통역관으로 일할 정도로 엄청난 엘리트였어요. 개화파였던 그는 갑신정변 이후 조선에 피바람이 불자 이를 피하기 위해 중국을 거쳐 미국으로 향했어요. 그곳에서 5년간 공부하며 서구의 정치제도와 사회제도를 배우고 조선으로 귀국했죠. 서재필과 삶의 궤적이 꽤 비슷하지 않나요? 서재필 역시 개화파라는 이유로 갑신정변 때 고초를 겪고, 미국에서 지내면서 근대 제도와 문화를 몸소 목격했잖아요. 윤치호에게 서재필은 믿고 의지할 만한 정치적 동반자였을 거예요.

실제로 윤치호는 1898년 독립협회 부회장직과 《독립신문》 사장직을 맡으며 서재필과 함께 조선의 자주화와 근대화를 위해 열띤 활동을 펼쳤답니다.

조선을 바꾸기 시작하다 ─────

서재필과 윤치호는 독립협회를 통해 어떤 나라를 만들고 싶었을까요? 그들은 조선의 자주화와 만민 평등을 꿈꾸었습니다. 조선을 위협하는 열강의 이권 침탈을 막아 자주독립을 이루고, 국민 모두에게 참정권이 주어져야 한다고 생각했죠. 이 목표를 이

광무 2년(1898)에 독립협회가 국민들의 헌금으로 완공했던 독립문의 모습. 1979년 성산대로 공사로 인해 원래의 위치에서 서북쪽으로 70미터 떨어진 지점으로 옮겨졌다.

루기 위한 수단이 바로 근대적인 행정제도와 의회정치였고요.

그럼 이를 이루기 위해 독립협회가 어떤 활동을 펼쳤는지 살펴볼까요? 먼저 1896년, 독립협회는 중국 사신을 영접하던 모화관과 그 앞에 위치한 영은문을 허물고 각각의 자리에 독립관과 독립문을 건립했어요. 이는 조선이 더는 중국의 내정간섭을 받는 속국이 아니라는 사실을 대내외에 적극적으로 선포하는 행위였답니다.

독립협회는 정치에 적극적으로 개입해 큰 변화를 끌어내기도 했어요. 1897년, 고종은 러시아 공사관에서 경운궁으로 환궁한 후 대한제국을 수립·선포합니다. 과거와는 다르게 주체적으로 국가를 운영하겠다고 만백성에게 알린 셈이었죠. 하지만 열강의 이권 침탈이 수그러들지 않자, 독립협회는 1898년 2월 고종에게 변화를 촉구하는 상소문을 작성해 올렸습니다. 상소문에는 대한 제국이 다른 나라들의 이권 싸움에 휘둘리지 않고 자주적으로 재정권·군사권을 행사해야 한다는 주장이 담겨 있었죠.

그리고 그해 3월, 독립협회는 만민공동회라는 민중 대회를 대 대적으로 개최해 열강의 이권 침탈 문제를 소리 내어 규탄했어 요. 특히 백성들의 반대가 거셌던 러시아의 절영도 조차*를 꼭 집 어 비판했죠. 이에 1만 명이 넘는 민중이 참석해 독립협회에 힘 을 보탰고요. 결국 조선 백성들의 격렬한 반대에 부딪혀 러시아 는 절영도 조차를 포기했답니다. 정부와 왕실이 열강에 끌려다니 며 나라의 이권을 속수무책으로 빼앗기던 상황에 독립협회는 민 중과 힘을 합쳐 조선의 자주독립을 쟁취한 거예요.

● **절영도 조차** 1897년 러시아가 자국 함대의 연료 보급을 위해 부산 절영도에 저탄소(석탄, 숯 따 위를 모아 간수해 두는 곳) 시설 설치 및 지역 통치를 요구한 사건.

의회 설립을 준비하다 ————

    러시아의 이권 침탈을 저지하며 자신감을 얻은 독립협회는 더 적극적인 행보를 이어 나갑니다. 러시아에 빌붙어 권력을 남용하던 조정의 수구파 일곱 대신을 파면하고, 새로운 정부를 수립해 달라며 고종에게 요구하기에 이르렀죠.

    수많은 사람이 이 같은 독립협회의 행보를 지지했어요. 이를 잘 보여 주는 증거가 그 당시 독립협회 앞으로 모인 기금이에요. 독립협회 창립 발기 위원들의 헌납과 왕실 황태자 명의의 보조금이 하사된 데 이어 백성들의 헌금 6,000원가량이 모금되었답니다. 지금이야 끼니 한 그릇도 제대로 못 사 먹는 돈이지만 그 시기 6,000원은 천문학적인 액수였어요. 무엇보다 백성들이 나라를 위해 자발적으로 십시일반 돈을 모았다는 점에서 의미가 커요. 기록에 따르면 경기 과천에 사는 한 나무장수는 나무 한 짐을 서른 냥에 팔아 스물다섯 냥을 독립협회에 기부했고, 한 군밤장수는 온종일 번 한 냥 남짓한 돈을 모두 헌납했다고 해요. 심지어 감옥에 있는 죄수들도 돈을 모아 독립협회에 보냈다고 하죠. 부자이건 가난한 사람이건 상관없이 모든 사람들이 독립협회를 응원한 거예요. 상황이 이렇다 보니 친러 수구파 관료들을 옹호하던 고종도 결국 입장을 바꿉니다. 앞서 언급한 일곱 대신을 해

임하고 개혁파 정치인 박정양을 중심으로 한 새로운 정부를 수립했죠.

개혁파 정부 수립에 성공한 독립협회는 단체의 목표 중 하나인 의회 설립을 본격적으로 준비하기 시작합니다. 1898년 10월, 서울 종로에서 일반 백성과 정부 관료가 참여하는 관민공동회를 개최해 다양한 국정 개혁안을 논의했죠. 그리고 여기서 국가 주권 확립·황제권 제한·국민의 평등권 및 자유권 보장 등의 개혁 요구가 담긴 「헌의 6조」를 채택해 고종에게 전달했어요. 고종은 이에 대한 답으로 의회 설치·탐관오리 처단·상공 학교 설립 같은 내용이 담긴 「조칙 5조」를 반포했죠. 그리고 1898년 11월 2일, 의회 역할을 담당할 중추원의 관제도 개정되어 독립협회에서 중추원 의관(의원)의 절반을 선출하게 되었습니다. 서재필과 윤치호가 독립협회를 설립하고 운영하면서 꿈꾼 '의회 정치가 이루어지는 조선'까지 단 한 발짝 남은 상황이었죠.

좌절된 꿈 ————

역사는 종종 사람들의 기대 혹은 예상과 다르게 흘러가곤 해요. 의회 설립을 하루 앞둔 밤, 서재필과 윤치호가 맞닥뜨린 사건도 그러했죠. 중추원이 운영되면 권력을 빼앗길까 두려워진 친러 수구파는 1898년 11월 4일, 독립협회가 황제를 내쫓고 공화정[•]을 세우려 한다는 벽보를 서울 시내 곳곳에 붙였어요.

대통령으로는 박정양, 부통령으로는 윤치호가 앉을 거라는 유언비어도 함께 퍼뜨렸죠. 독립협회의 급진적인 행보에 불안감을 느끼던 고종에게는 청천벽력 같은 소식이었어요. 그렇지 않아도 성리학 질서를 옹호하는 유생들이 중추원 설립을 반대해 골치가 아픈 상황이었거든요. 결국 그날 밤 고종은 경찰 업무와 감옥의 일을 맡아보던 경무청을 동원해 독립협회 주요 간부를 체포하고 협회 해산령을 내립니다. 동시에 박정양을 중심으로 한 개혁파 정부를 해산시키고, 조병식을 중심으로 한 수구파 정부를 새롭게 조직했죠.

이 소식에 시민들은 너도나도 거리로 나왔어요. 만민공동회를 조직하고 무려 42일간 철야 시위를 벌이며 정부를 강하게 비판했죠. 이에 고종은 보부상으로 구성된 황국협회와 군대를 동원해 시위대를 해산시키고, 독립협회 간부 430명을 대거 체포하며 강하게 대응했습니다. 그리고 1898년 12월 25일 만민공동회를 불법화한다는 조칙이 반포되고, 1899년 1월 18일 전국의 모든 협

● **공화정** 왕이 권력을 세습하는 구조가 아닌, 국민이 선출한 대표자 또는 대표 기관의 의사에 따라 주권이 행사되는 정치를 가리킨다.

회 및 모임을 폐지한다는 법이 통과되며 독립협회의 역사는 막을 내리게 됐답니다.

백성의 뜻이 반영된 의회를 만들려던 서재필과 윤치호의 꿈은 거사를 하루 앞두고 좌절됐지만 그들의 뜻은 다른 형태로 후대에 이어졌어요. 만민공동회 및 관민공동회에 참여하며 정치적 의견을 내는 법을 배운 시민들이 훗날 애국 계몽 운동·여성 운동·항일 의병 운동 등에 참여해 나라를 되찾는 일에 나서게 됩니다. 비록 의회를 설립하겠다는 독립협회의 꿈은 좌절됐지만, 우리가 앞으로 무엇을 어떻게 행동해야 할지를 생각하고 판단할 수 있는 힘을 길러 주었죠.

한국사 속 별별 사건

105인 사건

1911년, 조선의 국권을 빼앗고 강제 점령한 일제는 조선 내 독립운동을 탄압하기 위해 600여 명의 애국지사를 검거했어요. 그중에는 항일 비밀결사 단체 신민회 회원인 안창호, 윤치호, 양기탁 등도 있었죠. 일제는 이들을 잔인하게 고문하여 조선 총독 데라우치를 암살하려 했다는 거짓 자백을 일부 독립운동가들로부터 받아 냈어요. 그리고 검거한 독립운동가 중 105인에게 유죄판결을 내렸는데, 이 때문에 105인 사건이라는 이름이 붙게 됐답니다. 이때 신민회 간부가 대거 체포되면서 조직이 해체되었어요.

다른 결말을 맞이하다 ————

독립협회의 창립자이자 지도자 서재필은 고종과 수구파 정부에 의해 1898년 다시 한번 조국에서 쫓겨나게 됩니다. 미국에서 의사로 일하며 조국과 멀어진 삶을 살던 것도 잠시, 1919년 일제의 식민 지배에 저항하며 조선 각지에서 3·1 운동이 일어나자 그는 다시금 조국의 편에 서서 활동하기 시작합니다. 3·1 운동을 해외에 알리기 위해 힘쓰는가 하면, 대한민국임시정부에서 외교위원장으로 활동하며 조선 독립의 당위성을 세계 각국에 퍼뜨리고자 애썼죠. 이 같은 공로를 인정받아 사후 건국훈장 1등급에 해당하는 대한민국장을 받았고요.

서재필과 함께 독립협회를 이끌어 간 윤치호는 어땠을까요? 그는 일제강점기 초까지 애국지사로 활동하며 조선의 자주독립을 위해 힘썼어요. 민중 계몽 단체인 대한자강회를 조직해 민중 교육 및 계몽 운동을 전개했고, 항일 비밀결사 단체 신민회를 설립해 운영하며 일제의 국권피탈에 저항했죠. 그러나 105인 사건으로 체포되었다가 일본 천황의 특사로 풀려난 뒤, 친일파로 변절합니다. 이후 윤치호는 죽는 날까지 일제를 찬양하며 살아갔죠. 1898년 11월 4일, 의회 설립을 하루 앞둔 밤 서재필과 윤치호는 자신들이 훗날 완전히 반대되는 삶을 살 거란 사실을 알았을까요? 독립운동을 펼치던 서재필은 과거 누구보다 뜻이 통하던 윤치호의 변절을 어떻게 평가했을까요? 정말 '한 치 앞도 모른다'는 말이 새삼 떠오르네요.

펜으로 일제에 맞서 싸우다

어니스트 베델		출생		《대한매일신보》를 발간하다.
	1871	1872	1895	1904
양기탁	출생		『한영자전』 편찬에 참여하다.	《대한매일신보》를 발간하다.

한국 내 신문이 소유한 비상한 권력이라. 이토의 백 마디 말보다 신문의 일필(一筆)이 한인을 감동케 하는 힘이 크고 강한데 그중에서도 현재 한국에서 발간하는 한 외국인의 《대한매일신보》는 확실한 증거가 있는 일본의 모든 악정을 반대하여 (하략)

— 1907년 2월 12일 자 《대한매일신보》 중에서

어니스트 베델

우연한 계기로 저는 한반도에 발을 딛게 되었습니다. 비록 제 조국은 아니지만 일제가 총칼로 대한제국을 착취하는 모습을 보고 펜을 들지 않을 수 없었죠. 그렇게 《대한매일신보》를 발간하기 시작했습니다. 일제의 탄압 때문에 힘든 순간도 많았지만 저는 당신과 함께 《대한매일신보》를 발행하고 항일운동에 가담한 일을 추호도 후회하지 않습니다.

저 역시 당신 덕분에 일제의 강한 탄압에도 우리의 목소리를 낼 수 있었습니다. 《대한매일신보》를 통해 일제의 만행을 국내외로 널리 알릴 수 있었고요. 사람들은 제가 국채보상운동과 신민회 활동을 적극적으로 이끌었다고 하는데, 당신이 없었다면 이 또한 불가능했을 겁니다. 비록 베델, 당신이 이 땅에서 태어난 한국인이 아닐지라도 한국을 위하는 마음은 누구보다 애틋한 우리의 동포나 다름없습니다.

양기탁

일제로부터 고소를 당하다.
1907

상해에서 3주간 금고 생활을 하다.
1908

사망
1909 ------ **1911** ------ **1938**

낯선 한국 땅에서 마주한 광경 ─────

어니스트 베델은 1872년 영국에서 태어났습니다. 가난한 집
안 환경 때문에 고등학교를 간신히 졸업한 그는 아버지를 도와
돈을 벌기 위해 낯선 동양의 나라 일본으로 향했어요. 일본 고베
에서 무역업에 종사하며 이런저런 사업을 벌였지만 아쉽게도 큰
돈을 벌지는 못했죠. 아니, 돈을 잃었다는 표현이 더 정확할 거예
요. 10여 년간 힘들게 모은 돈으로 시작한 사업이 일본인이 운영
하던 경쟁 업체의 방해로 파산 위기에 처하게 됐거든요.

새로운 돌파구가 필요했던 순간 베델에게 기회가 찾아옵니다.
1904년 영국 신문《데일리크로니클》이 그에게 대한제국으로 건
너가 러일전쟁의 실상을 취재해 달라고 요청한 것이었죠. 러일전
쟁은 1904년 2월 러시아와 일제가 한반도 및 만주의 지배권을
차지하기 위해 벌인 전쟁인데요, 서양에서도 이 전쟁에 대한 관
심이 커지면서 각국 매체들은 전쟁 한복판에 놓인 대한제국에
앞다투어 취재진을 파견하기 시작했답니다. 베델에게 간 제안도
그 일환이었고요. 그는 요청을 흔쾌히 수락했고 그해 3월 10일
대한제국에 발을 디뎠습니다. 베델이 목격한 대한제국의 현실은
일본에서 살 때 들었던 것과 무척 달랐어요. 일제는 대한제국을
부당하게 착취하고 전쟁의 전초기지로 이용하고 있었죠. 이로 인

해 백성들은 고통받고 있었고요. 베델의 가슴속에는 부당한 현실을 향한 분노가 차올랐어요. 이를 전 세계에 알려 위기에 처한 한국을 돕고 싶다는 마음이 싹텄죠.

그러던 중 베델의 결심에 불을 붙인 사건이 하나 발생합니다. 1904년 6월, 일제는 대한제국에 황실 소유의 황무지를 개간해 주겠다며 토지 개간권을 요청했습니다. 대한제국의 경제를 발전시킨다는 명분을 내세웠지만 실상은 토지를 합법적으로 강탈하려는 속셈이었죠. 이를 막기 위해 항일 단체 보안회가 결성돼 반대 운동을 펼쳤지만, 백성들의 반응은 뜨뜻미지근했습니다. 일제는 한국인이 발간하는 신문이 자신들의 군사기밀을 누설한다는 이유로 검열하며 언론을 탄압하고 있었는데, 이 여파로 보안회의 활동이 널리 알려지지 않았거든요. 기자로 활동하며 토지 개간권 요구 사건을 누구보다 가까이에서 목격한 베델은 아마 이런 생각을 했을 거예요. 대한제국 사람들을 위한 신문을 만들어야겠다고 말이죠.

《대한매일신보》를 만들다 ─────

비슷한 시기 일제의 만행을 세상에 널리 알려야 한다고 생각한 사람이 한 명 더 있었어요. 바로 양기탁입니다. 그는 1871년 조선에서 서양 문물이 가장 먼저 들어오는 도시, 평양에서 태어났어요. 어려서부터 외국어 학원에 다니며 영어를 공부한 양기탁은 서구의 학문에 능통한 개화파 청년으로 성장했습니다. 자신의 재능을 십분 발휘하며 나라의 근대화를 위해 힘썼죠. 일례로 그는 20대 때 캐나다 출신 선교사 제임스 게일을 도와 우리나라 최초의 한영사전인 『한영자전』 편찬에 참여하기도 했답니다. 사전은 단순히 언어 실력이 뛰어나다고 뚝딱 만들 수 있는 게 아니에요. 정치·경제·사회·예술 등 각 분야의 지식을 깊이 알고 있어야하죠. 그만큼 양기탁이 얼마나 뛰어난 인재였는지를 보여 줘요. 이 외에도 양기탁은 독립협회에서 파생된 단체인 만민공동회의 간부로 활동하며 나라의 자주권을 확립하고자 노력했어요. 이런 모습에 감명받은 많은 사람이 양기탁을 믿고 따랐답니다.

1899년 독립협회가 강제로 해산된 이후 양기탁은 게일의 알선으로 3년간 일본과 미국을 여행하며 견문을 넓혔어요. 여정을 마치고 돌아와서는 이상재·민영환·이상설 같은 민족 지도자들과 함께 비밀결사 단체인 개혁당을 조직해 나라를 변혁시키고자 했습니다. 하지만 일제의 방해로 개혁당은 큰 성과를 거두지 못한 채 해체되고 말았죠. 뜻이 번번이 좌절되는 상황에서도 양기탁은 포기하지 않았어요. 오히려 일제에 맞서 기필코 나라의 주

1904년 8월 4일 자《대한매일신보》

권을 지키겠다며 의지를 불태웠습니다.

　1904년 양기탁은 보안회에 가담해 일제의 황무지 개간권 요구에 저항했어요. 그리고 항일운동을 하며 인연이 닿은 베델과 함께 한국인을 위한 신문을 만들기로 결심합니다. 일제의 규제와 탄압으로부터 비교적 자유로운 영국인 베델이 사장이자 발행인,

양기탁은 총무이자 주필 역할을 맡아 편집을 책임지며 신문사를 운영하기 시작했죠. 그렇게 그들은 그해 7월 18일 항일 신문《대한매일신보》를 발간합니다. 한국인을 위한 국한문판·순한글판은 물론 영문판인《코리아데일리뉴스》도 발행하며 국외로도 대한제국의 소식을 알렸답니다.

일제의 언론 탄압에 맞서다 ─────

베델과 양기탁은《대한매일신보》를 통해 일제의 개간권 요구 사건의 실상을 널리 알리고자 했어요. 일제의 요구가 왜 부당한지, 만약 개간권이 일제 손에 들어가면 어떤 결과를 불러올 것인지 신문에 상세히 실었죠. 일제가 이 같은 활동을 가만히 두고 볼리 없었겠죠? 그 당시《대한매일신보》는 고종으로부터 지원금을 받아 운영됐는데요, 일제는 이 지원을 중단시켰습니다. 언론인으로서 베델의 권한이 확대되는 걸 막기 위해 그가 서울 주재 통신원으로 활동하는 걸 방해하기도 했죠. 하지만 이 같은 탄압도 베델과 양기탁의 의지를 꺾을 순 없었어요. 결국《대한매일신보》를 통해 황무지 개간권 요구 사건의 실상을 알게 된 백성들이 격렬하게 반대하고 나서자 일제는 요구를 철회했답니다.

그들의 저항은 여기에서 그치지 않았어요. 1905년 러일전쟁에서 승리한 일본은 친일파 이완용·이지용 등을 내세워 을사늑약을 체결합니다. 13장에서 확인한 바 있죠. 이에 수많은 사람이 분노했고, 한국 신문들은 을사늑약의 부당함을 알리는 기사를 게재했어요. 그중에는 언론인 장지연이 《황성신문》에 실은 논설 〈시일야방성대곡〉도 있었죠. 이는 '이날, 목 놓아 통곡하노라.'라는 의미의 제목으로, 나라의 주권을 빼앗긴 울분을 표현한 이 글은 사람들로부터 큰 공감을 받으며 널리 퍼졌습니다. 하지만 이 일로 장지연은 체포됐으며 《황성신문》은 일시적으로 발간이 중지되고 말았죠. 베델과 양기탁은 《황성신문》의 복간을 요구하는 글을 《대한매일신보》에 연신 게재했어요. 〈시일야방성대곡〉을 영문으로 번역해 전 세계에 알리고, 고종이 세계 각국에 을사늑약의 부당함을 호소하며 도움을 청했다는 사실을 밝혔죠. 총칼을 위시한 일제의 언론 탄압에 펜으로 저항한 거예요.

항일운동을 지원하다 —————

앞서 말했듯 《대한매일신보》는 발행인 베델의 영국 국적 덕분에 일제를 비판하는 기사를 실어도 규제에서 비교적 자유로울 수 있었어요. 그 당시 일제는 영국과 우호적인 관계였기 때문에 함부로 영국 사람을 건드릴 수 없었거든요. 이 점을 잘 아는 베델은 자신의 국적을 적극적으로 활용해 여러 항일운동을 지원했습니다. 동반자 양기탁과 함께 말이에요.

이들은 국채보상운동이 일어났을 때, 앞장서서 이 일을 알리며 민중의 참여를 독려했습니다. 성금 보관 장소로《대한매일신보》사옥을 제공하기도 했죠. 성금을 모으는 데 있어서 가장 중요한 것은 안전하게 큰돈을 보관하는 장소예요. 일제의 탄압이 거셌던 시기에 이런 장소를 마련하기란 하늘의 별 따기와 같았죠. 이런 상황에서《대한매일신보》사옥은 최적의 공간이었어요. 베델의 국적 덕분에 일본 헌병들이 함부로 헤집고 다닐 수 없는 공간이었으니까요. 베델과 양기탁은 이를 적극 활용한 거예요.

둘은 비밀결사 단체 신민회가 활동할 수 있도록 사옥을 제공하기도 했습니다. 신민회는 1907년 안창호가 국권 회복을 목적으로 조직한 단체예요. 항일 비밀단체였기에 일제의 탄압과 추적을 피해 안전하게 활동할 수 있는 공간이 절실했죠. 양기탁도 신민회 회원이었던 만큼 베델은《대한매일신보》사옥을 신민회가 마음껏 사용할 수 있도록 내주어요. 그로 인해 신민회는 전국 각지에 학교를 설립하고 민족 산업을 육성하는 등 다양한 활동을 이어 나갈 수 있었어요.

탄압이 거세지다 ─────

일제는 눈엣가시 같은《대한매일신보》를 없애기 위해 온 힘을 기울였어요. 가장 먼저 큰 걸림돌이던 베델을 한국에서 추방시키려 했죠. 1907년 일제는 영국 영사관의 협조를 구한 후 베델을 일제의 치안을 방해한다는 이유로 고소했습니다. 두 차례의 재판결과 베델은 추방까지는 아니지만 6개월 근신이라는 유죄판결을 받게 됐죠. 이 같은 압박이 위협적이었을 법한데 베델은 일제 입맛에 맞게《대한매일신보》의 논조를 바꾸기는커녕 오히려 항일운동을 더 적극적으로 알렸어요. 그럴수록 일제도 더욱 강경하게 나왔어요. 먼저 일제는 대한제국에서 외국인이 발행하는 신문을 제재할 수 있도록 법을 개정하여《대한매일신보》발매를 막았습니다. 여기에 그치지 않고 베델을 일본인 배척과 폭동 선동이라는 죄명으로 기소했죠. 그 결과 베델은 상하이로 호송되어 그곳 영사관에 설치된 영국 상하이 고등법원에서 재판받게 되었고, 그곳에서 3주 금고형과 벌금형에 처했답니다.

이와 동시에 일제는 국채보상운동 성금을 횡령했다는 누명을 씌워 양기탁을 구속했습니다. 그 여파는 상상을 초월했어요. 성금을 관리하던 양기탁이 체포되자 국채보상운동은 제대로 진행되지 못했습니다. 자세한 내막을 모르는 사람들은 성금이 개인의 사리사욕을 채우는 데 사용됐다며 분노했죠. 다행히 횡령 사건이 일제의 조작이라는 증거를 제시하면서 양기탁은 억울한 누명을 벗었어요. 하지만 이로 인해 국채보상운동은 흐지부지됐고, 《대한매일신보》 또한 큰 타격을 입었답니다.

아주 뜨거운 진심 ─────

일제의 끊임없는 위협과 탄압으로 건강이 악화된 베델은 1909년 서른여섯이라는 젊은 나이에 세상을 떠나고 맙니다. "나는 죽을지라도 《대한매일신보》는 영생케 하여 한국 동포를 구해 주시오."라는 말을 남겼다고 하죠. 애석하게도 그의 유언은 지켜지지 못했어요. 1910년 《대한매일신보》는 소유자가 변경되면서 일제의 지배를 찬양하는 《매일신보》로 바뀌어요. 그래도 대한제국을 제2의 조국처럼 사랑했던 베델의 마음은 오늘날까지 전해지고 있답니다. 양기탁은 어떻게 됐을까요? 신민회 활동에 가담했던 그는 1911년 105인 사건 때 실형을 선고받고 4년간 옥살이를 하게 됩니다. 감옥에서 나온 뒤에는 만주 서간도로 향해 그곳에 있는 독립운동 단체를 통합하는 데 힘을 쏟았죠. 이후 연해주로 넘어가 독립군 양성에 매진했고요. 그렇게 만주와 연해주를 넘나들며 독립운동에 힘쓰던 양기탁은 1930년대 대한민국임시정부에 합류했습니다. 저마다의 방식으로 독립운동을 펼치던 단체들을 통합해 일제에 대항하고자 했죠. 이 과정에서 몸이 쇠약해진 양기탁은 결국 1938년 중국에서 숨을 거두고 맙니다.

여러분은 두 사람의 삶 속에서 무엇을 느낄 수 있었나요? 저는 올바름을 향한 단순하고도 뜨거운 진심을 엿보았습니다. 옳지 않은 세상을 바꾸기 위해 자신과 아무런 관계도 없는 한국을 위해 펜을 든 베델, 정의로운 세상을 만들기 위해 끊임없이 독립운동에 매진한 양기탁. 숱한 어려움과 위기에도 뜻을 굽히지 않았던 두 사람의 삶은 우리에게 많은 시사점을 주네요.

한국사 속 별별 사건

국채보상운동

일제는 대한제국의 경제를 망가뜨려 자신들에게 예속시키기 위해 강제로 빚을 지게 만들었어요. 그 결과 1907년 대한제국이 일제에 갚아야 할 돈은 1,300만 원에 달했죠. 이 금액은 대한제국의 1년 예산과 맞먹는 큰돈이었답니다. 사태를 지켜보던 대구의 서상돈은 민중에게 십시일반 돈을 모아 빚을 갚자고 주장했는데요, 《대한매일신보》를 비롯한 한국 신문들이 이 소식을 전국에 알리며 참여를 독려했답니다. 그 결과 3개월 만에 4만여 명이 동참하여 230만 원 이상의 성금이 모였어요. 하지만 국채보상운동은 일제의 적극적인 탄압으로 끝내 좌절되고 말았답니다.

18장 ◉ 임병찬 × 박상진

다르지만
같았던 꿈

임병찬

폐하로부터 연통이 왔습니다. 일제가 대한제국을 강제로 식민지 삼았으니, 선비들을 규합하고 백성들을 이끌어 나라를 되찾는 일에 힘써 달라는 내용이 담겨 있었지요. 글을 읽는데 눈물이 앞을 가리더군요. 무슨 일이 있어도 나라를 되찾고 말 것입니다. 왕실과 나라를 바로 세우고 폐하를 다시금 복권시키는 데 이 한 몸 바치겠습니다.

박상진

일제로부터 나라를 되찾고 난 뒤에는 왕이 아닌 백성이 통치하는 사회를 만들어야 합니다. 옆 나라 중국을 보십시오. 혁명으로 부패한 왕정을 무너뜨리지 않았습니까. 모든 국민이 주권을 행사하는 공화정이야말로 우리 민족이 나아가야 할 방향입니다. 물론 이 같은 꿈도 나라를 되찾아야 가능한 일이지요. 선생님처럼 저 또한 광복을 위해 이 한목숨 기꺼이 바치도록 하겠습니다.

일제에
체포당하다.

사망

- - - - - - **1914** - - - - - - **1915** - - - - - - - **1916** - - - - - - **1918** - - - - - **1921** - - - - -

대한광복회를
조직하다.

일제에
체포당하다.

사망

일제의 억압과 수탈이 시작되다 ————

1910년 국권을 강탈당하자 많은 백성이 절망했습니다. 대한제국이 백성을 위해 무얼 했냐며 비판하던 사람들도 나라를 빼앗긴 고통이 얼마나 큰지 뼈저리게 깨닫게 되었죠. 조국을 잃는다는 건 내가 발 디딘 땅이 하루아침에 무너지는 일과 진배없었으니까요.

대한제국을 식민지 삼은 일제는 본격적으로 사람들을 억압하고 수탈하기 시작했습니다. 전국 곳곳에 헌병경찰이 근무하는 파출소와 경찰서 등을 두어 한국인을 감시했지요. 자신들의 마음에 들지 않는 행동을 하는 사람에게는 벌금을 부과하거나 죄인의 볼기를 몽둥이로 치는 태형 같은 형벌을 내리기도 했습니다. 1912년 일제가 발표한 조선 태형령은 이 같은 일제의 폭압을 잘 보여 줍니다. 태형령에는 태형이 일제의 지배를 받는 조선인에게만 적용되며, 물증이나 정식 재판이 없어도 헌병이 즉각적으로 시행할 수 있다고 규정돼 있어요. 노골적으로 한국 사람을 차별하는 제도였던 것이죠.

이뿐만 아니라 일제는 한국인의 결사와 집회를 금지하고, 학교 교사들이 칼을 찬 채 수업하도록 하는 등 강압적인 통치를 이어 나갔답니다.

일제의 무단통치* 이면에는 한국을 영원한 식민지로 두어 마음껏 수탈하겠다는 야심이 깔려 있었어요. 무력으로 사람들을 위협해 저항 의식을 꺾은 후 자신들의 입맛대로 한국 땅에서 나오는 자원을 갈취할 목적이었던 거죠. 먼저 일제는 한국인이 가진 땅을 빼앗았습니다. 대규모 토지조사사업을 실시해 한국인이 토지 소유권을 인정받으려면 정해진 기간 내에 신고서를 작성해 제출해야 한다고 공표했죠. 하지만 그 절차가 굉장히 까다로워 일평생 농사만 지어 온 농민 대부분은 제대로 신고하지 못했어요. 일제가 노린 부분이 바로 이 점이었죠. 그렇게 전국 각지의 땅을 손에 넣은 일제는 이를 일본인 지주나 일본인이 운영하는 회사에 헐값에 팔았답니다. 이 외에도 일제는 삼림령을 발표해 경제적 가치가 높은 삼림지대를 일본인에게 넘겨주었고, 회사령을 공포해 한국인의 경제활동을 제한했어요.

일제의 수탈과 억압이 심해질수록 사람들 사이에서는 독립운동을 해야 한다는 생각이 퍼져 나갔습니다. 이 땅에서 살아갈 후손을 위해서라도 반드시 나라를 되찾아야 한다는 인식이 커졌지

● **무단통치** 군대나 경찰 등의 무력으로 행하는 통치를 뜻하며, 한국사에서는 1910년대 이루어졌던 일제의 강압적인 통치 방식을 의미한다. 일제는 1919년 3·1 운동으로 우리 민족의 거센 저항을 마주한 후, 무단통치에 한계를 느끼고 조선인의 자유와 권리를 어느 정도 보장하는 문화 통치로 기조를 바꿨다. 하지만 이는 허울에 불과했으며 소수의 친일파를 제외한 한국인은 여전히 일제의 폭압에 시달렸다.

회사령

일제는 1910년부터 1945년까지 우리나라를 지배하기 위해 최고 행정 관청으로 조선총독부를 설치했습니다. 회사령은 조선총독부가 1910년 공포하고 1911년에 시행한 법으로, 우리나라에서 회사를 설립할 경우 조선총독부의 관리를 받도록 규정한 제도예요. 회사 설립 과정에서 허가제를 두어 통제하는 것은 물론 운영 과정에서도 조선총독부가 정하는 기준을 따르지 않으면 회사를 폐쇄한다고 규정하고 있지요. 이로써 일제는 한국인이 운영하는 기업을 제재해 한국 산업의 성장을 억제하고자 했습니다. 그를 통해 한국을 일본의 원료 공급지, 상품 시장, 자본 수출지로 이용하고자 했죠.

요. 일제의 폭압 속에서 광복의 불씨가 타오른 거예요. 이번에 소개할 임병찬과 박상진도 목숨을 걸고 나라를 되찾으려 한 수많은 독립운동가 중 한 사람이에요.

임병찬, 의병을 일으키다 ─────

1851년 전북 군산에서 태어난 임병찬은 소문난 신동이었습니다. 세 살 때 천자문을 술술 외우고, 어떤 책이든 읽으면 단숨에 기억했다고 해요. 머리만 좋은 건 아니었어요. 다른 사람의 아픔에 공감하고 어려운 이들을 기꺼이 돕는 따뜻한 마음씨도 지녔거든요. 이를 증명하는 일화도 있어요. 1888년 지역에 대흉년이들자 그는 자신의 곳간을 털어 굶주린 사람들에게 곡식을 나누어 주었다고 하죠.

이런 면모에 감명받은 선비들이 그의 공을 칭찬한 결과 임병찬은 1889년 전라도 낙안 지역의 군수 자리에 오릅니다. 재난을당하거나 가난한 백성들에게 돈이나 물품을 주어 돕고, 교육에힘쓰는 등 지역을 잘 보살피며 군수 생활을 했지만, 이듬해 그는관직에서 물러나고 말아요. 자신의 능력으로는 사회의 폐단을 바로잡기 어렵다는 사실을 깨닫고 조금 더 수양하기로 결심했거든요. 하지만 시대는 임병찬을 가만히 놔두지 않았습니다.

1905년 관직에서 물러나 조용히 생활하던 임병찬에게 을사늑약 체결 소식이 전해졌어요. 일제의 만행을 더는 참을 수 없던 그는 의병을 조직해 일제에 맞서기로 마음먹었죠. 때마침 위정척사파를 대표하는 최익현이 임병찬을 찾아왔고, 둘은 이내 힘을 합치게 됩니다. 세간의 존경을 받던 최익현과 임병찬이 함께한다는소식에 수많은 사람이 전라도 지역으로 몰려들어 의병에 합류했어요. 그렇게 부대 규모를 키워 일본군에 맞서던 와중 이들은 자신들을 해치우기 위해 대한제국이 지방 군대에 공격 명령을 내렸다는 사실을 알게 됩니다. 일제에 맞서려다 동족상잔의 갈림길에 서고 만 거예요. 임병찬과 최익현은 일제의 이권 때문에 동족끼리 싸워서는 안 된다고 생각했고, 결국 의병을 해산시키기로합니다. 그렇게 군대는 와해됐고 체포된 두 사람은 대마도로 유배를 가게 됐죠.

대한독립의군부를 이끌다 ————

유배 생활을 마친 임병찬은 1907년 다시 고향으로 돌아옵니다. 여러 고초를 겪었지만 나라를 되찾겠다는 마음만은 꺾이지않은 채였죠. 그러던 어느 날 그에게 독립의군부에 속한 유생 이식이 고종이 비밀리에 내린 문서를 들고 찾아옵니다. 문서의 내용을 설명하기에 앞서 독립의군부가 어떤 단체인지부터 짚고 넘어갈게요. 독립의군부는 이식·곽한일·전용규 등 최익현을 따르는 문인들이 중심이 됐는데, 이들 대다수가 고종과 순종을 가까이서 모시던 관료들이었지요. 당연히 대한제국 황실을 향한 충심이 남다를 수밖에 없겠죠? 이들은 고종의 명령을 비밀리에 받고전국 각지의 의병장과 유생을 하나로 모아 나라를 되찾고자 했답니다.

임병찬이 받은 고종의 밀지에는 그를 전라남도 독립의군부 순무대장으로 임명한다는 내용이 담겨 있었어요. 순무대장은 조선 시대에 반란 같은 군사 관련 업무를 맡아보던 임시 벼슬이에요. 의병을 이끌고 일제에 맞선 임병찬을 눈여겨본 고종이 그에게 독립의군부의 주요 직책을 제안한 것이었죠. 고종의 뜻을 확인한 임병찬은 호남 지방의 의병과 유생을 모아 조직을 전라도 전체로 확대했고, 이후 총사령관 자리에 올라 의군부를 전국적인 조직으로 발전시키며 의병 활동을 준비했죠. 이 과정에서 단체의 이름을 대한독립의군부로 변경하고, 본거지를 수도 서울로 옮기는 등 조직을 개편하기도 했고요.

앞서 말했듯 대한독립의군부의 목적은 한국 땅에서 일제를 몰아내고 멸망한 대한제국 황실을 다시금 일으켜 세우는 것이었어요. '다이쇼 데모크라시*'로 일본 본토가 혼란스러운 틈을 타, 전국적으로 의병 봉기를 일으키고 국권 반환 요구서를 퍼뜨려 일제에 대항하려 했죠. 하지만 1914년 5월 의군부 조직원이 경찰에 붙잡히면서 비밀리에 운영되던 대한독립의군부가 수면 위로 드러나고 말았어요. 임병찬을 비롯한 대한독립의군부의 주요 간부들은 일제히 체포됐고, 강압적인 수사와 판결이 진행됐죠. 이

●　다이쇼 데모크라시　1910~1920년대 일본의 정치, 사회, 문화 등 각 방면을 뒤흔들었던 자유주의적이고 민주주의적인 경향.

과정에서 감금형을 선고받은 임병찬은 거문도에서 유배 생활을 하다 1916년 66세의 나이로 세상을 떠났답니다.

박상진, 신해혁명을 목격하다 —————

한편 박상진은 1884년 울산의 명문가에서 태어났습니다. 양반가 자제답게 어려서부터 성리학을 배웠는데, 이때 그를 가르친 스승이 구한말 항일 의병 활동의 중심 축이던 성리학자 허위였죠. 허위를 깊이 존경하던 박상진은 스승의 항일 정신을 그대로 물려받았습니다. 일제의 침략으로부터 백성을 지키겠다고 마음먹고 법을 공부하기 시작했죠. 그리고 1910년 평양 법원의 판사직에 오릅니다. 하지만 그는 얼마 지나지 않아 스스로 관직을 내려놓았어요. 그해 8월 국권피탈이 일어났기 때문이죠. 일제의 밑에서 그들의 이익을 대변하는 관리로 살 생각이 추호도 없던 박상진은 곧바로 사직서를 제출했답니다.

1911년 박상진은 국외에서 활동하는 민족 지도자와 독립운동가를 만나기 위해 중국 만주로 향했어요. 그곳에서 스승 허위의 형인 허겸과 김동삼 같은 독립운동가들을 만나 앞으로의 활동을 논의했죠. 그리고 이때 그는 자신의 가치관은 물론, 앞으로의 삶을 송두리째 뒤바꾸는 사건을 마주하게 돼요. 바로 1911년 중국 전역을 들썩이게 한 신해혁명입니다. 신해혁명은 민중이 그 당시 중국 대륙을 통치하던 청나라 황실을 무너뜨리고 민주공화국을 세운 사건이에요. 이 일로 동아시아 역사상 최초의 민주 공화정이 탄생했죠. 무능하고 부패한 왕정을 무너뜨리고 민중이 자신들의 손으로 직접 나라를 통치하려는 모습에 박상진은 큰 충격을 받습니다. 조선부터 대한제국에 이르기까지 평생을 왕의 통치하에서 살아온 그는 한 번도 생각해 보지 못한 발상이었거든요. 그리고 박상진은 결심합니다. 광복을 이룬 후 국민이 나라의 주인이 되는 공화국을 만들겠다고 말이지요.

대한광복회로 무장투쟁을 꾀하다 ————

신해혁명을 목격하고 돌아온 박상진은 본격적으로 독립운동에 나섰어요. 1912년 대구에 상덕태상회라는 곡물 상회를 차리고 독립운동에 필요한 자금을 마련했죠. 이곳을 독립운동 거점으로 활용하기도 했습니다. 만주, 장춘 등 중국 내 곡물상과 연락망을 구축하여 독립운동가들과 정보를 주고받았어요. 1915년에는 영남 지방을 중심으로 활동한 비밀결사 단체, 조선국권회복단에 들어가 독립군 지원 활동을 이어 갔습니다. 그리고 그해 7월, 박상진은 자신이 몸담던 조선국권회복단과 그 당시 영남에서 활동하던 또 다른 독립운동 단체인 풍기광복단을 통합해 대한광복회를 결성했어요.

대한광복회는 박상진의 이상이 고스란히 담긴 단체였습니다. 국권 회복과 공화제 실현을 목표로 했지요. 신해혁명을 목격한 박상진이 총사령관이었기 때문일까요? 단체의 성격도 굉장히 혁명적이었습니다. 친일파 및 일본인이 불법적으로 마련한 재산을 빼앗아 자금을 마련한 후, 이를 기반으로 해외에 학교를 세워 독립군을 양성하고자 했죠. 최종적으로는 무장투쟁으로 한국 땅에서 일본군을 몰아내 독립을 쟁취하려 했고요.

박상진은 이를 차근히 이루어 나갔습니다. 대한광복회 조직을 전국적으로 확대하고, 중국 남만주 지역의 신흥학교와 힘을 합쳐 무력 투쟁을 준비했죠. 신흥학교는 1911년 항일 단체 신민회가 세운 학교로, 1919년 신흥무관학교로 개편돼 독립군을 배출하던 학교입니다. 하지만 독립 자금을 마련하는 과정에서 일제의 추적이 거세졌고, 결국 1918년 대한광복회의 전국 조직망이 발각되고 맙니다. 이때 박상진 또한 체포돼 사형을 선고받았죠. 4년 동안 고된 옥살이를 한 그는 1921년 8월 대구 형무소에서 순국했답니다.

임병찬과 박상진이 실제로 만났는지는 알 수 없어요. 역사에 그것까지 기록돼 있진 않거든요. 다만 두 사람의 나이가 서른 살 가까이 차이 나고, 주로 활동한 지역이 호남과 영남으로 달랐다는 점을 미루어 보아 서로 마주친 일은 없었으리라 생각돼요. 이상향 또한 각각 왕정과 공화정으로 판이했기에 독립운동을 하면서 힘을 합칠 기회도 없었을 테죠. 하지만 임병찬과 박상진이 궁극적으로 꿈꾼 사회는 같았습니다. 조국이 일제의 핍박에서 벗어나 독립을 이루기를 바랐던 두 사람은 이를 위해 각기 다른 시간과 장소에서 목숨을 바쳐 독립운동에 매진했죠. 역사를 배우는 우리가 가장 주목해야 할 부분은 두 사람의 차이점이 아니라 조국의 독립을 간절히 염원한 공통된 마음 아닐까요?

한날한시에 총을 들다

전명운		출생	미국 샌프란시스코로 이주하다.	
	1876	1884	1904	1906
장인환	출생		하와이로 이주하다.	미국 샌프란시스코로 이주하다.

일본이 우리나라의 독립을 위하여 러시아와 전쟁을 한다고 공언하더니 끝내 우리의 국권을 빼앗고 토지를 약탈하였다. 그들은 우리의 생명을 없애려 하였고 자유행동을 못 하게 하였다. (중략) 스티븐스가 한국의 월급을 먹는 자로 일본을 찬조하며 우리의 조국을 배반하는 일을 했다. 나는 애국심으로 그놈을 포살하려고 했다.

— 전명운이 미국 법정에서 밝힌 의거의 변(辯) 중에서

전명운

스티븐스가 한국은 일제의 지배를 받아야 한다는 친일 성명서를 발표했다는 소식을 듣고 한동안 정신을 차릴 수 없었습니다. 처음에는 잘못 들은 줄 알았죠. 그러나 아니더군요. 이게 말이 되는 소리입니까? 누가 보아도 일제가 우리나라의 주권을 침탈해 식민지로 만들려는 파렴치한 행위인데 말이죠. 우리 동포라면 누구나 스티븐스를 향해 총구를 겨눈 제 마음을 이해할 수 있을 겁니다.

장인환

나 역시 같은 마음이었습니다. 외국인들이 스티븐스의 말을 철석같이 믿을까 봐 두려운 한편 그를 향한 분노가 치밀어 올랐죠. 그래서 그날, 총을 들고 페리 부두로 달려갔습니다. 그곳에 당신이 있더군요. 총알이 나가지 않아 스티븐스와 주먹다짐을 하며 싸우고 있었죠. 그 모습을 보고 곧바로 방아쇠를 당겼습니다. 우연의 일치인지 운명의 장난인지 모르겠지만 한가지는 분명합니다. 총을 쓴 일은 저의 독단적인 행동이었으니, 당신을 공범으로 묶어 처벌해서는 안 된다는 겁니다.

친일파 외교 고문
스티븐스를 저격하다.

사망

1908 ---------- **1919** ---------- **1930** ----- **1947** -----

친일파 외교 고문
스티븐스를 저격하다.

가석방되다.

사망

미국인 스티븐스의 망언 ————

1905년 을사늑약으로 대한제국의 외교권을 빼앗은 일제는 1907년 한일신협약을 체결하며 대한제국의 행정권 및 사법권을 자신들의 손아귀에 넣었어요. 이후 군대를 강제로 해산시키고 조정의 관료들을 일본인으로 대체하며 대한제국을 차근차근 일제의 식민지로 만들어 가기 시작했죠.

그리고 이런 자신들의 행보를 정당화하기 위해 국제사회를 설득해 줄 외국인을 여럿 끌어들입니다. 그중에는 미국인 더럼 스티븐스도 있었죠. 1851년 미국에서 태어난 스티븐스는 1883년 주일 미국 공사관 관리로 임명돼 일본에 발을 디뎠습니다. 이후 일본에서 계속 머물면서 외교를 맡아보는 일본의 중앙행정 기관인 외무성의 직원으로 일하다, 1904년 제1차 한일협약을 계기로 대한제국으로 건너왔죠. 제1차 한일협약이란 그해 8월, 일제가 대한제국의 내정을 개선한다는 구실 아래 강제적으로 맺은 협약이었어요. 일제가 추천하는 일본인 한 명, 외국인 한 명을 대한제국의 고문으로 초빙한다는 것을 주된 내용으로 하지요. 바로 이 협약 아래 스티븐스가 우리나라 조정의 외교 업무에 이리저리 조언하는 외교 고문 직책을 맡게 됐거든요.

우리 정부로부터 봉급을 받았지만 스티븐스는 한국을 위해 일하는 사람이 아니었습니다. 일제의 앞잡이에 가까웠죠. 외교 고문으로 활동하는 동안 그는 미국 언론을 대상으로 일제에 우호적인 여론을 조성하고 일제가 대한제국을 지배해야 한다는 주장을 퍼뜨렸습니다. 여기에 그치지 않고 1908년 휴가차 방문한 미국 샌프란시스코에서 일제를 옹호하는 내용의 성명서를 발표했죠. 그해 3월 20일 미국 신문 《샌프란시스코크로니클》과의 인터뷰에서는 "일제가 한국을 보호한 뒤로 한국에 유익한 일이 많이 일어나 양국이 더욱 친밀해지고 있다. 일제의 보호를 반대하는 한국인은 새롭게 개편된 한국 정부에 반감을 품은 사람들이며, 대부분의 백성은 일제를 환영하고 있다."라고 말하기도 했고요.

미국에 살던 한국인, 특히 샌프란시스코를 기반으로 하는 한인 단체 공립협회와 대동보국회 회원들은 분노를 감추지 못했어요. 두 단체는 스티븐스에게 사람을 보내 인터뷰 내용을 정정해 달라고 요청하기로 합니다. 스티븐스를 만날 대표로 공립협회의 최정익과 정재관, 대동보국회의 문양목과 이학현 네 사람이 꼽혔죠. 3월 21일 대표 네 명이 스티븐스가 머물던 호텔로 찾아가 그를 만났지만, 이들에게 돌아온 대답은 한국을 향한 모독뿐이었어요. 스티븐스는 "한국은 황제가 어리석고 정부 관리는 백성을 학대하며 재산을 빼앗기를 일삼소. 한편 백성들은 어리석어 자립할 자격이 없으니, 일제의 보호가 없으면 러시아에 금세 나라를 빼앗길 것이오."라는 말을 내뱉으며 기사 정정을 거절했죠. 이 같은 스티븐스의 망언은 공립협회와 대동보국회 회원들 사이에서 널리 퍼졌고, 스티븐스를 향한 재미 한인 동포들의 분노가 하늘을 찌를 듯이 커졌답니다.

낯선 땅 미국에서의 생활 ————

스티븐스의 망언에 분노를 금치 못한 사람 중에는 오늘의 주인공 전명운과 장인환도 있었습니다. 고향을 떠나 미국 샌프란시스코에서 살며 조국의 자주독립을 꿈꾸는 청년들이었죠.

전명운은 1884년 서울 종로에서 태어났습니다. 몰락한 양반 집안에서 태어나 어려서부터 일을 하며 생계를 꾸렸죠. 학업과 무관하던 그의 삶은 우연히 독립협회에서 주관한 만민공동회 연설을 듣게 되면서 완전히 뒤바뀝니다. 나라의 자주독립을 위해 사람들이 머리를 맞대는 모습을 보면서 그는 먹고사는 문제에만 집착하던 자신을 반성하고 나라를 위해 살기로 결심했죠. 열여덟 살이라는 늦은 나이에 한성학교에 입학한 전명운은 2년간의 수업 과정을 마친 후 미국 하와이로 향했습니다. 강대국의 신문물과 문화를 직접 눈으로 보고 배워 나라의 발전에 이바지하겠다고 마음먹은 거예요. 그 당시 대한제국에 불었던 하와이 노동 이민 붐도 그가 하와이행을 택하는 데 한몫했습니다. 부푼 꿈을 안고 하와이로 향했지만 경제적 어려움과 인종차별 등 여러 현실의 벽이 그를 가로막았습니다. 공부하는 데 필요한 돈을 마련하기 위해 하와이의 농장에서 일하기 시작했죠. 하지만 타지에서의 생활은 쉽지 않았습니다. 언어부터 기후·풍토까지 어느 하나 익숙한 것이 없었죠. 동양인 노동자 처우도 좋지 않았고요. 열악한 환경에서도 악착같이 돈을 모은 전명운은 1904년 미국 본토 샌

한국사 속 별별 사건

미국 이민의 역사

1902년 대한제국 정부가 하와이 설탕재배자협회 비숍 회장과 이민 협정을 체결하면서, 이민의 역사가 시작돼요. 하와이에 가면 무료로 교육받고, 좋은 직업도 구할 수 있다는 말에 1902년 122명의 첫 이민단이 인천에서 출발한 이후 1905년까지 약 7,200명의 한국인이 하와이 사탕수수밭 노동자로 떠났어요. 1924년 동양인 이민 금지법이 시행되기 전까지 1910부터 14년 동안 하와이에서 일하는 남자들과 결혼하기 위해 1,000여 명의 처녀들이 사진 한 장 가지고 하와이로 이민을 왔어요. 이후 이민이 끊어졌다가 1965년 '개정 이민법'으로 미국에 이민하는 사람이 증가하면서 오늘날 미국에 거주하는 재외 동포는 약 250만 명 정도로 추산하고 있어요.

프란시스코로 향합니다. 이곳에서 부두 및 철도 공사장의 노동자로 일하며 생계를 꾸렸죠. 동시에 안창호가 조직한 항일 독립운동 단체 공립협회에 가입해 활동하며 조국의 국권 회복에 이바지하겠다는 자신의 꿈을 차근히 실천해 나갔고요.

장인환의 삶도 전명운과 비슷했습니다. 강화도조약이 체결되던 1876년 평양에서 태어난 그는 어린 나이에 고아가 됐습니다. 숙부의 집에 얹혀살며 힘든 생활을 이어 가던 중 미국 하와이 농장에서 일하면 큰돈을 벌 수 있다는 소리에 1904년 하와이로 향했죠. 2년간 하와이 사탕수수 농장에서 일하며 돈을 번 장인환은 샌프란시스코로 거주지를 옮깁니다. 그곳의 농장과 식당 등에서 허드렛일하며 힘겹게 생계를 꾸려 나가는 동시에 독립운동 단체 대동보국회에 가입해 활동했죠.

스티븐스를 저격하던 그 순간 ─────

전명운과 장인환의 스티븐스 저격 사건은 영화가 아닌 실제 현실에서 벌어진 일이라는 게 믿기지 않을 정도로 극적이었습니다. 앞에서 스티븐스가 한인 단체 대표 네 명에게 망언을 내뱉은 게 1908년 3월 21일이라고 했죠? 이후 신변의 위협을 느낀 스티브스는 이틀 뒤인 3월 23일 워싱턴 D.C.로 떠나기로 결심합니다. 그리고 그날 오전 호텔에서 제공하는 자동차를 타고 샌프란시스코 오클랜드의 페리 부두 선착장으로 향했죠.

차가 페리 부두에 도착하고 함께 탄 일본 영사의 안내를 받으며 선착장 안으로 들어서는 스티븐스의 앞을 전명운이 가로막아요. 스티븐스가 샌프란시스코를 떠난다는 소식을 비밀리에 입수한 후 아침 일찍부터 선착장을 배회하며 그를 처단하기 위해 기다린 것이었죠. 전명운은 조금도 주저하지 않고 스티븐스를 향해 방아쇠를 당겼답니다. 그런데 이게 무슨 일일까요? 총이 고장 난 것인지 방아쇠를 여러 번 당겨도 총알은 나가지 않았습니다. 그러자 전명운은 스티븐스에게 달려들어 총자루로 그의 얼굴을 가격하기 시작했어요. 때려서라도 그를 처단하겠다는 마음으로 말이죠. 그렇게 둘이 엉겨 붙어 육탄전을 벌이던 와중 세 발의 총성이 울렸습니다. 총을 쏜 사람은 전명운과 마찬가지로 스티븐스를 처단하기 위해 페리 부두에 와 있던 장인환이었습니다. 두 사람이 모의한 거 아니냐고요? 전혀요. 장인환도 스티븐스의 망언에 울분을 감추지 못하고 홀로 페리 부두로 향한 것이었죠. 그렇게 한날한시에 두 명의 한국 청년이 친일파 스티븐스를 처단하기 위해 총을 들었답니다. 하지만 장인환은 차에서 내린 스티븐스를 곧바로 저격하지 않았어요. 전명운이 스티븐스를 처단하려는 모습을 목격하고 멀리서 사태를 지켜보았죠. 그러다 둘이 뒤엉켜 싸우기 시작하자 방아쇠를 당겼고요. 첫 번째 총알은 안타깝게도 스티븐스와 엉겨 붙어 싸우던 전명운의 어깨를 맞혔지만, 두 번째와 세 번째 총알은 스티븐스의 오른쪽 어깨와 복부를 관통했어요. 그 결과 스티븐스는 중상을 입고 병원으로 이송됐고, 이틀 후 사망했답니다.

재판 과정에서 빛난 애국심 ─────

두 사람은 저격 현장에서 바로 체포됐습니다. 이후 미국 경찰에 의해 각각 살인미수와 1급 살인 혐의로 법원에 기소됐죠. 일제가 스티븐스를 살해한 둘을 사형시키기 위해 혈안이 되자, 이에 맞서고자 미국 내 한인 단체들은 둘의 석방을 위한 보석금을 모금하기로 결정합니다. 스티븐스를 처단한 두 의로운 지사가 재판을 받는다는 소식에 국내는 물론 러시아·멕시코 등 외국에 거주하던 한인들이 앞다투어 의연금을 보냈어요. 그렇게 모인 돈이 무려 7,390달러에 달했죠. 공립협회와 대동보국회는 이 돈으로 전명운과 장인환을 도울 변호사와 통역관을 구해 적극적으로 변호해요.

미국 검찰은 전명운과 장인환이 공범임을 강조하며 강한 처벌을 요구했어요. 특히 스티븐스를 직접적으로 처단한 장인환은 반드시 사형에 처해야 한다고 주장했죠. 이에 우리 측 변호사는 둘의 행동은 우연에 불과하며, 장인환의 범죄는 일반적이고 계획적인 살인이 아니라 애국심에 의한 우발적인 행동이라고 변호하며 무죄를 주장했답니다.

세계 각지의 한인 동포들이 한마음 한뜻으로 힘쓴 결과일까요? 사형이 유력했던 재판의 판도가 바뀌기 시작했어요. 사실 처음 사건이 알려졌을 때만 해도 미국 내 여론은 그리 좋지 않았어요. 동양인이 백인을 살해했다며 두 사람의 의거를 부정적으로 바라보는 시선이 많았죠. 하지만 두 사람이 스티븐스를 저격한 동기가 밝혀지자 여론이 바뀌었어요. 한국과 한국인을 모욕하면서 일제의 식민지로 전락하는 데 도운 스티븐스를 저격한 행동이 정당한 애국 행위라는 장인환의 주장에 공감하는 사람이 하나둘 늘어났죠. 일례로 의거 당시 페리 부두에 있던 미국인 목격자 중 한 명은 《샌프란시스코크로니클》과의 인터뷰에서 "국민된 자라면 이 사람(장인환)처럼 제 나라를 사랑하고 행동해야 한다."라며 그를 옹호하기도 했답니다.

둘을 향한 긍정적인 여론과 치열한 변호 끝에 미국 법정은 전명운에게 무죄 판결을 내렸습니다. 장인환의 경우에는 애국심에

1908년 3월 25일 자 《공립신보》. 장인환·전명운의 스티븐스
저격 사건을 대대적으로 보도하여 한국의 독립운동에 대한
미국의 여론을 환기시켰다.

의한 2급 살인으로 보고 사형이 아닌 25년 형을 선고했죠.

의거 이후의 삶 ————

무죄를 선고받고 풀려난 전명운은 공립협회의 활동 범위를 확대하고자 미국을 떠나 러시아로 향했습니다. 러시아 연해주에 도착해서는 그곳을 기반으로 활동하는 구국 운동 단체인 동의회에 가입해 독립운동에 힘썼죠. 이 과정에서 의협심이 대단한 동의회 단원 한 사람을 만나 친분을 다지게 됐는데, 그가 바로 안중근입니다. 두 사람의 만남은 안중근이 훗날 이토 히로부미를 저격하는 데 큰 영향을 미쳤답니다.

연해주에 공립협회 지부를 설치한 후 전명운은 다시 미국으로 돌아가 그동안 보살피지 못했던 가족들과 함께하고자 했어요. 하지만 거사 이후 전명운에게는 불행이 끊임없이 찾아왔습니다. 1929년 큰아들을 사고로 잃었고, 그로부터 한 달 뒤에는 아내마저 병으로 떠나보내고 말았죠. 엎친 데 덮친 격으로 생활고가 심각해져 어쩔 수 없이 남은 세 자녀를 고아원에 맡기게 됐고요. 갖은 노력 끝에 자녀들과 함께 생활하게 됐지만 또다시 아들을 사고로 잃고 말아요. 사랑하는 가족을 잃고 평생을 가난하게 살았지만 조국의 자주독립을 향한 그의 열정은 꺼지지 않았어요. 독립운동 자금을 주기적으로 지원했고, 태평양전쟁이 발발하자 57세라는 노령의 나이에도 일본군과 싸우겠다며 군사훈련을 받았죠. 그렇게 평생 나라를 위해 살아온 전명운은 1947년 생활고로 미국에서 생을 마감했답니다.

장인환은 어땠을까요? 모범적인 복역 태도로 1919년 가석방된 그는 한국으로 향했습니다. 1927년 고향 평양에서 결혼하고 평범한 삶을 살아가려 했지만, 일제의 감시와 탄압을 이기지 못해 결국 홀로 미국으로 돌아오고 말았죠. 이후 외롭고 고단한 생활과 병고에 시달리던 그는 1930년 스스로 목숨을 끊었답니다.

한국사 속 별별 사건

사후에도 함께 인정받은 두 사람

건국훈장은 1948년 8월 15일 대한민국 정부 수립 이후 선열을 기리며 대한민국의 건국에 공로가 뚜렷하거나, 국가의 기초를 다지는 데 이바지한 공적이 뚜렷한 사람에게 수여하고 있어요. 현재 대한민국장, 대통령장, 독립장, 애국장, 애족장으로 다섯 등급으로 세분화되어 있습니다. 독립운동사에서 '의열 투쟁'에 나선 최초의 거사인 스티븐스 처단에 동시에 전명운·장인환 의사가 나섰고, 뒤이어 안중근, 이재명, 조명하, 이봉창, 윤봉길 의사의 의열 투쟁으로 이어져요. 대한민국 정부는 나라를 지키려는 헌신적인 노력을 기려 1962년에 두 의사에게 건국훈장을 수여합니다.

이들의 안타까운 죽음만큼 슬픈 사실은 전명운의 딸 마가렛이 자신의 아버지가 독립운동가인 걸 1974년이 되어서야 알게 됐다는 점이에요. 실제로 독립운동가 상당수가 가족이 고초를 겪을까 두려워 독립운동 사실을 알리지 않았다고 하죠. 이 같은 이유로 역사에 기록되지 못한 숨은 독립운동가들도 많고요. 어쩌면 우리 후손들의 몫은 지나간 역사를 들여다보며 이제껏 조명받지 못한 독립운동가를 발견하고, 그들의 행동이 얼마나 숭고하고 위대했는지를 기억하고 널리 알리는 일 아닐까요?

이념을 뛰어넘어
독립을 도모하다

김구	출생		대한민국임시정부 수립을 돕다.	한인애국단을 조직하다.
	1876	1898	1919	1931
김원봉		출생	의열단을 조직하다.	

우리 두 명은 3·1 운동 이후 해외에서 일본 제국주의를 향해 계속 분투하여 왔다. 그러나 과거에는 투쟁을 통일적으로 진행하지 못하였다. (중략) 지금 우리는 과거 수십 년간 우리 운동 사상의 파쟁으로 참담한 실패의 경험과 중국 민족의 최후의 필승을 향해 매진하고 있는 민족적 총단결의 교훈에서 이전 착오를 통감하고 우리 두 명은 신성한 조선 민족 해방의 대업을 위하여 협력할 것을 동지 동포 앞에 고백한다.

— 김구, 김원봉의 동지 동포들에게 보내는 공개 서한 중에서

김구

제가 원하는 것은 단 한 가지, 바로 우리나라 대한의 독립입니다. 이를 위해 수많은 역경을 견디고 소중한 동지들이 희생해야 했지요. 사회주의니 민족주의니 하는 이념은 훗날 독립을 이룬 뒤에 따지기로 합시다. 부디 지금은 우선 이 공통의 목표에만 집중하십시오.

저도 선생과 같은 생각입니다. 의열단을 비롯해 여러 독립운동 단체를 이끌다 보니 어느새 사회주의 독립운동 세력을 대표하는 자리에까지 올랐지만…. 그건 그리 중요치 않습니다. 이념보다 더 중요한 것은 바로 우리나라의 독립이지요. 그동안은 서로 다른 노선을 걸었지만, 이제는 힘을 합쳐 함께해 봅시다.

김원봉

한국광복군을
조직하다.

사망

---- **1935** -------- **1940** -------- **1941** -------- **1949** -------- **1958** ----

민족혁명당 창설을
주도하다.

대한민국임시정부에
합류하다.

사망

문화 통치 아래서 ————————

1920년대부터 일제는 이른바 문화 통치를 내세우며 우리나라 사람들의 정치 및 집회 활동을 일부 허용하기 시작했어요. 그 기조에는 민족 간 분열을 일으키고 친일 세력을 육성하려는 속셈이 담겨 있었죠. 그 속셈대로 일제와 타협해 우리 민족의 처지를 개선하자는 자치 운동론이 대두됩니다. 일제의 통치를 인정하되 그 속에서 우리 민족의 발전을 도모하자는 주장이었죠. 그러나 이를 거세게 반발하고 나선 집단이 있었으니, 바로 일제와 타협하지 않고 우리 민족의 독립을 쟁취하려 했던 비타협적 민족주의자들과 사회주의자들이었어요.

이념은 달랐지만 이들은 일제로부터 나라를 되찾아야 한다는 하나의 목표 아래 힘을 합쳐 나갔습니다. 그리고 1927년 신간회라는 민족운동 단체를 설립했죠. 신간회는 전국 140여 개의 지회와 3만 9,000여 명의 회원을 바탕으로 전국적인 독립운동을 펼쳤어요. 노동 및 형평 운동의 중요성을 알리는 연설회를 개최하고 학교를 설립하며 민중 계몽에 힘썼답니다. 1929년에 일어난 광주학생항일운동을 지원하며 일제의 학생운동 탄압에 적극적으로 저항하기도 했고요. 국내에서만 이런 움직임이 나타난 건 아니었습니다. 중국 상하이에 있던 대한민국임시정부는 해외의 여러 독립운동 단체를 통합하려는 움직임을 보였고, 중국 만주를 중심으로 활동하던 항일운동 단체 참의부·정의부·신민부는 이념을 뛰어넘어 힘을 합치기도 했죠. 이처럼 독립운동 단체끼리 서로 통합하고 협력한 일련의 과정을 통틀어 민족 유일당 운동이라고 해요.

안타깝게도 민족 유일당 운동은 1920년대 후반으로 가면서 점차 힘을 잃었어요. 신간회의 경우, 일제의 탄압에 민족주의와 사회주의 진영의 대립이 더해져 1931년 결국 해체하고 말았죠. 그 뒤로 민족주의와 사회주의 세력은 각자가 생각하는 최선의 방식으로 제각기 독립운동을 펼치는데요, 그 가운데서도 이념을

한국사 속 별별 사건

광주학생항일운동

1929년 전라남도 광주에서 시작해 전국적으로 확대된 항일운동이에요. 일본인 남학생이 한국인 여학생을 희롱한 사건 때문에 한국인 학생들과 일본인 학생들 사이에서 싸움이 벌어진 것이 발단이었죠. 이때 일제 경찰은 일본인 학생들 편을 들며 한국인 학생들을 구타했는데, 이에 분노를 참지 못한 광주의 2,000여 학생들이 대규모 시위를 벌였답니다. 광주 학생들의 시위에서 시작한 이 운동은 전국적으로 확대돼 이듬해까지 이어졌으며, 3·1 운동 이후 최대 규모의 항일운동으로 발전했어요.

뛰어넘어 한마음으로 독립운동에 나서자며 통합을 외치는 사람들도 많았어요. 우리가 익히 알고 있는 독립운동가 김구도 그중 한 사람이었죠.

대한민국임시정부를 이끌다 ————

1919년 3·1 운동 직후 상하이로 건너간 김구는 대한민국임시정부 설립에 힘을 보태며 독립운동에 투신했습니다. 1923년에 국내외 독립운동 단체를 이끄는 지도자들이 한자리에 모여 대한민국임시정부의 방향성을 논의하며 국민대표회의를 열었고, 이 이후로 본격적으로 임시정부를 이끌기 시작했죠. 하지만 임시정부를 운영하기란 만만치 않았어요. 국민대표회의에서 독립운동가끼리 의견을 합치지 못하면서 많은 사람이 임시정부를 떠났거든요. 이로 인해 임시정부는 심각한 자금난 및 인력난에 시달리게 됐죠. 독립운동의 주축이 되지 못한 건 물론이고요.

이를 극복하기 위해 김구는 1931년 비밀결사 단체 한인애국단을 조직했습니다. 일제의 고위 관료나 왕족을 암살해 임시정부 활동에 활기를 불어넣고 국제사회에 우리 민족의 독립 의지를 알리고자 했죠. 김구의 바람대로 한인애국단은 독립을 향한 우리 민족의 강한 의지를 보여 주며 전 세계를 놀라게 했어요. 1932년 한인애국단의 이봉창은 일본 도쿄에서 일왕 암살을 시도했죠. 같은 해 또 다른 단원 윤봉길이 중국 상하이 훙커우공원에서 열린 일왕의 생일 및 전승* 기념식 도중 폭탄을 던져 일본군 고위 관료들을 처단했고요. 중국 국민당의 지도자 장제스는 이를 두고 '중국의 100만 대군이 해내지 못한 일을 조선인 청년 한 명이 해냈다.'라며 박수를 아끼지 않았답니다. 이 사건을 계기로 중국 내 항일 무장투쟁을 보는 인식은 긍정적으로 바뀌었어요. 대한민국임시정부는 장제스의 지원을 받게 돼 일제의 거센 탄압에도 불구하고 상하이·항저우·난징 등을 거쳐 충칭으로 청사를 옮기며 독립운동을 이어 갈 수 있었지요.

김구는 한인애국단을 이끌면서 침체에 빠진 대한민국임시정부를 회복시키는 동시에 독립운동을 대표하는 민족 지도자로 거듭났답니다. 당연히 그를 향한 일제의 탄압도 거셌겠죠? 이봉창과 윤봉길의 의거 이후 일제는 이를 주도한 김구를 잡기 위해 현상금 60만 원을 내걸었는데요, 이를 지금 돈으로 환산하면 약 200억 원 정도라고 해요. 김구가 일제에 얼마나 눈엣가시 같은 존재였는지 짐작할 수 있는 대목이지요.

● **전승** 여기에서는 1932년 일본군이 군대를 상하이에 상륙시켜 중국군과 충돌한 상하이사변에서의 승리를 의미한다.

일본인들의 공포의 대상,
의열단을 조직하다 ————

한편 일제강점기 당시 60만 원을 훌쩍 뛰어넘는 액수의 현상금이 걸린 독립운동가가 있었으니, 바로 김원봉입니다. 그에게는 무려 100만 원의 현상금이 걸려 있었죠. 김원봉은 3·1 운동 당시 일제의 무자비한 총칼에 수많은 동포가 죽어 가는 모습을 목격했습니다. 평화적인 방법으로는 독립을 이룰 수 없다고 판단한 그는 만주의 신흥무관학교에 입학해 군사훈련을 받은 후 뜻이 맞는 사람들과 함께 독립운동 단체 의열단을 조직했죠.

의열단은 온건한 독립운동보다는 고위 관료 암살이나 관공서 폭발 같은 의열 투쟁을 통해 독립을 쟁취하고자 했어요. 실제로 의열단의 김익상은 조선총독부에, 나석주는 일제가 1908년 한국의 경제를 독점하고 착취하기 위해 설립한 동양척식주식회사에 폭탄을 던져 의거를 일으켰지요. 또 다른 단원 김상옥은 독립운동가 탄압의 온상지인 종로경찰서에 폭탄을 던진 후 수백 명의 경찰에 맞서 싸웠고요. 이처럼 1920년대 의열단은 전국 각지에서 의거 활동을 펼치며 일제를 두려움에 떨게 했답니다.

하지만 1920년대 중반 들어 김원봉은 암살과 건물 파괴 같은 개별적인 폭력 투쟁에는 한계가 있음을 인식하고 독립군 부대를 체계적으로 조직하기로 합니다. 이에 중국의 황푸군관학교에 단원들과 함께 입교해 군사훈련을 받았죠. 이 과정에서 중국 국민당 지도부와 친분을 쌓은 김원봉은 중국 정부의 지원을 토대로 의열단과 여러 독립운동 단체를 규합해 1935년 항일 단체 민족혁명당을 결성했습니다. 민족혁명당 산하에 조선의용대라는 군대를 만들어 일제에 맞서기도 했는데요, 이들의 활약이 얼마나 대단했는지 일본군은 이들과 전투한다고 하면 전투가 시작되기도 전에 사기를 잃는 경우가 많았다고 해요.

분열과 갈등의 사이에서 ────────

1931년 일본군은 중국 만주를 침략해 점령했으며, 이듬해에는 그 근방 지역을 포함시켜 만주국을 수립했어요. 일제의 침략이 만주를 넘어 중국까지 확대하자 독립운동가들 사이에서는 독립운동 단체를 통합해야 한다는 주장이 힘을 얻게 됐고, 민족혁명당 창설이 현실로 이루어졌죠. 1932년 중국 내에서 활동하는 한국독립당과 미주 지역의 대한인교민단 등 여러 독립운동 단체가 중국 상하이에 모여 한국대일전선통일동맹을 결성했는데, 이 동맹이 발전해 민족혁명당으로 거듭난 거예요. 창설된 과정에서 알 수 있듯 민족혁명당은 민족주의와 사회주의 그리고 무정부주의와 같은 다양한 이념을 가진 독립운동가가 공존하는 단체였답니다.

김원봉을 비롯하여 김규식, 지청천 등 내로라하는 독립운동가가 대일전선통일동맹에 참여해 민족혁명당을 이끌었지만 김구는 예외였습니다. 대한민국임시정부만이 우리 민족을 대표하는 정부라고 확고히 여겼기 때문에 임시정부 활동에만 전념했죠. 또한 김구는 민족혁명당에서 김원봉을 중심으로 한 사회주의 세력이 우세한 상황을 탐탁지 않아 했어요. 공산주의를 포함한 사회주의 이념 때문에 민족혁명당은 모든 독립운동 단체를 포용하지 못하리라고 생각했죠.

실제로 민족혁명당은 1937년 조선민족혁명당으로 이름을 바꾼 데 이어 지청천 등 여러 세력이 탈퇴하면서 서서히 분열하게 되는데요, 김구는 이때 지청천이 새롭게 만든 단체 조선혁명당과 미주 지역의 대한인국민회 등 여러 독립운동 단체를 통합해 한국광복운동단체연합회를 조직했답니다. 그렇게 중국에서의 독립운동 세력은 크게 사회주의의 대표 주자 김원봉이 이끄는 조선민족혁명당과 민족주의를 대표하는 김구의 한국광복운동단체연합회로 나뉘게 됐죠.

이념을 뛰어넘어 힘을 합치다 —————

1930년대 후반 중일전쟁을 치르던 중국은 일제의 거센 공세 때문에 열세에 몰리게 됩니다. 국외 독립운동의 근거지였던 중국이 일제의 손아귀에 넘어갈 위기에 처한 거예요. 이에 김구와 김원봉은 중국 충칭에서 만나 민족주의와 사회주의라는 이념을 뛰어넘어 협력하기로 했어요. 특히 김구는 "지금은 사상을 논할 때가 아닙니다. 광복한 뒤에 각각의 주의대로 결합하기로 하지요. 지금은 각 단체를 합동 통일하는 것이 필요합니다."라고 말하며 독립운동 세력 통합을 강력하게 주장했지요.

김원봉을 비롯한 조선민족혁명당과 협력을 약속한 김구는 중국과 미주 지역의 독립운동 단체에 이들과 함께하자는 서한을 보냈습니다. 이념보다는 독립을 바라보며 힘을 합치자고 말이지요. 그러나 모두가 찬성한 것은 아니었어요. 그중에서도 미주 지역의 대한인국민회는 "취지에는 공감하나 김원봉은 공산주의자요. 선생이 공산당과 합작하는 날에는 우리 재미 교포와는 인연이 끊어지는 줄 알고 하시오."라며 강하게 반발했죠. 하지만 김구와 김원봉은 이에 굴하지 않았어요. 사람들을 설득하고 이견을 조율하며 협력을 이어 갔지요.

그리고 1942년 김원봉이 이끄는 조선민족혁명당이 임시정부에 합류했습니다. 혁명당 산하의 군대인 조선의용대 또한 대한민국임시정부의 군사 조직인 한국광복군에 편입됐죠. 그 과정에서 김원봉과 뜻을 달리한 의용대 일부가 빠져나갔지만, 김원봉은 한국광복군 부사령관을 맡아 대한민국임시정부에서 독립운동을 해 나갔답니다. 빠져나간 사람들을 대신하듯 수많은 사람이 한국광복군을 찾아왔어요. 우리나라에서 중국 내륙에 위치한 충칭까지 오기란 쉽지 않음에도 불구하고 광복군에 입대하기 위해 먼 길을 달려온 청년들이 많았죠. 충칭에 갈 수 없는 사람들은 십시일반 독립 자금을 모아 대한민국임시정부로 보내기도 했답니다. 이를 토대로 규모를 키운 한국광복군은 본격적으로 일제와의 전쟁을 준비했죠.

1941년 12월 태평양전쟁이 발발하자 대한민국임시정부는 곧바로 일제에 선전포고를 했어요. 한국광복군은 연합국의 일원으로 전쟁에 참여해 일본군에 맞서 싸웠죠. 영국과 일제가 맞붙던 인도·미얀마 전선에서 영국군과 공동 작전을 펼쳐 승리를 이끌기도 했답니다. 이에 힘입은 대한민국임시정부는 미국과 협력하여 국내 진공 작전을 준비하기에 이릅니다. 연합군과 함께 한국광복군을 우리나라에 진입시켜 일제로부터 독립하고자 했던 국내 진공 작전 직전에 일제가 연합국에 항복하면서 계획을 실현하지는 못했지만요.

이 때문에 우리 민족의 힘으로 광복을 이루지 못했다는 아쉬움이 존재하기도 해요. 실제로 김구는 저서 『백범일지』에 '천신만고 끝에 수년 동안 애를 써서 참전할 준비를 한 것도 모두 허사로 끝났다.'라며 국내 진공 작전을 실행하지 못했음을 안타까워했죠. 그런데 만약 김구와 김원봉이 서로 힘을 합치지 않았다면 한국광복군은 존재하지 않았을지도 몰라요. 그렇다면 일제가 연합국에 패망했어도 우리가 자주적으로 독립하기 어려울 수도 있었을 거예요. 이념을 뛰어넘어 협력하고 독립을 위해 온몸을 바친 김구와 김원봉, 그리고 수많은 독립운동가가 있었기에 지금의 우리가 존재한다는 사실을 잊지 않기로 해요.

대한민국임시정부의 변화를 꾀하다

21장 ◉ 신채호 × 안창호

신채호		출생		신민회에 가입하다.
	1878	**1880**	**1902**	**1907**
안창호	출생		미국으로 떠나다.	신민회를 조직하다.

신채호

저는 대한민국임시정부를 수립할 때부터 함께해 왔습니다. 그때부터 제가 누누이 말하지 않았습니까? 이승만을 임시 대통령으로 선출해서는 안 된다고 말입니다. 그가 위임통치 청원서를 미국 대통령에게 보낸 행위는 나라를 되찾기도 전에 나라를 판 것과 같습니다. 이뿐만 아니라 임시정부는 여러 문제로 곪을 대로 곪아 있습니다. 서둘러 해체하고 새로운 정부를 수립해야 합니다.

안창호

선생의 말이 무슨 뜻인지는 압니다. 하지만 대한민국임시정부는 우리 모두의 염원 속에서 어렵사리 세워진 정부입니다. 무슨 일이 있어도 지켜야 해요. 그래야만 국민들이 독립을 향한 희망의 끈을 놓지 않을 겁니다. 물론 지금의 폐단을 그냥 보고 있자는 말은 아닙니다. 잘못된 것은 개선되어야겠지요. 선생, 옛날처럼 힘을 합쳐 함께 임시정부를 바꾸어 봅시다.

중국으로 망명하다.	대한민국임시정부 수립을 돕다.	국민대표회의에 참석하다.	사망	
1910	**1919**	**1923**	**1936**	**1938**
중국으로 망명하다.	대한민국임시정부에 들어가다.	국민대표회의에 참석하다.		사망

대한민국임시정부가 수립되다 ─────

대한 독립 만세! 1919년 3월 1일 서울 탑골공원에서 독립을 염원하는 외침이 울려 퍼졌습니다. 학생들이 태극기를 휘날리며 주도한 독립 만세 시위는 이내 범국민적으로 그리고 전국적으로 확산됐죠. 이것이 3·1 운동의 시작이에요. 일제의 거센 탄압에도 그 불씨는 쉽사리 꺼지지 않았답니다.

3·1 운동 이후 독립운동가들은 독립운동을 체계적으로 이끌 임시정부의 필요성을 체감했어요. 미국의 윌슨 대통령이 파리강화회의에서 '모든 민족은 자신들의 정치적 운명을 스스로 결정할 권리가 있으며, 이 권리는 다른 민족의 간섭을 받을 수 없다.'라는 내용의 민족자결주의를 제창한 것도 영향을 미쳤죠. 그 결과

한국사 속 별별 사건

파리강화회의
제1차 세계대전 종료 후 전쟁의 책임 및 배상, 세계 평화 유지 방안 등을 협의하기 위해 개최된 국제회의예요. 1919년 1월 18일 프랑스 외무부에 승전국 대표가 모이면서 시작되었죠. 회의 과정에서 미국의 윌슨 대통령은 평화 원칙 열네 개 조를 제안했는데, 그중 하나가 바로 민족자결주의였답니다. 이 사상은 우리나라처럼 그 당시 식민 지배를 받던 국가들에 큰 희망을 안겨 주었어요.

1919년 3월 러시아 연해주에 대한국민의회가 결성되었고, 4월 11일 중국 상하이에서 대한민국임시정부가 수립되었습니다. 대한민국임시정부가 수립된 지 12일 후 국내에서는 한성정부 수립이 선포됐죠. 이렇게 여러 개의 정부가 거의 동시에 수립된 것은 교통과 통신이 발달하지 않은 상황에서 일제의 감시로 독립운동가들이 원활히 소통하지 못한 결과예요. 그런데 정부가 여러 개면 좋지 않냐고요? 여러분 학급에 반장이 여러 명이라고 생각해 보세요. 그중 누구한테 학급과 관련한 의견을 전달하고 가정 통신문을 제출해야 할지 헷갈리죠. 국가도 마찬가지입니다. 그 나라를 대표하는 정부가 하나여야만 국정 운영 과정에서 혼란이 덜하죠.

1919년 임시정부가 여러 개 만들어지자 독립운동가들 사이에서는 이를 통합하자는 의견이 나왔어요. 이에 단체들은 국내에서 수립한 정부가 제대로 활동할 수 없음을 우려하여, 법통성 있는 정부를 해외에 수립한다는 데 합의를 거치고 그해 9월 상하이의 대한민국임시정부가 우리 민족을 대표하는 유일한 정부임을 공표했죠. 임시 대통령으로는 이승만이 선출됐고요. 그렇게 우리 역사상 최초의 민주 공화제 정부가 수립되었습니다.

여러 한계를 직면하다 ————

　대한민국임시정부는 국내외 독립운동이 긴밀히 연결될 수 있도록 행정 조직망인 연통제를 만들고 통신을 담당하는 교통국을 설치했어요. 이를 통해 독립 자금을 지원받고 일제의 동향을 파악했죠. 무장투쟁을 위해 중국 만주 일대에 군대를 편성하기도 했습니다. 하지만 임시정부가 독립을 위해 가장 힘을 기울였던 부분은 따로 있었으니, 바로 외교였어요. 다른 나라와의 외교 활동을 통해 국제사회에서 힘을 키워 우리나라의 주권을 되찾고자 했지요. 이에 임시정부의 대통령 이승만과 외무 총장 김규식은 미국에서 구미 위원부라는 조직을 운영하며 한국 독립의 필요성을 주장하는 외교 활동을 벌였답니다.

　물론 독립운동은 쉽지 않았어요. 일단 임시정부 청사가 중국 상하이에 위치해 있었기 때문에 거사를 도모하는 데 제약이 따랐습니다. 그 당시 중국은 일제의 눈치를 보고 있었거든요. 국내보다 활동하기 수월하다지만 언제 중국의 협조를 받아 일제의 추적이 시작될지 모를 일이었죠. 무엇보다 중국인들이 자국의 영토에서 독립운동하는 것을 좋아하지 않았어요. 독립운동가들이 중국, 러시아, 미국 등 세계 각지에 흩어져 있는 것 또한 문제 중 하나였어요. 독립운동 인력이 부족한 상황에서 뿔뿔이 흩어져 있으니 소통과 단합이 원활히 되지 않았거든요.

임시정부의 지도자인 이승만을 향한 불만도 존재했습니다. 과거 그가 서구 열강에 우리나라의 위임통치를 청원했다는 사실에 분노한 사람들이 많았죠. 위임통치란 국정을 해당 국가의 국민이나 정부가 돌보지 않고 다른 국가나 국제기구에 맡기는 걸 말해요. 1919년 이승만은 국제연맹의 대한민국 위임통치를 부탁하는 청원서를 미국의 윌슨 대통령에게 보냈답니다. 국제연맹은 제1차 세계대전 직후 국제 평화 유지와 협력 촉진을 목적으로 창설된 국가 간 연합체예요. 1945년 국제연합(UN)의 창설로 그다음 해 해체됐지요. 이뿐만 아니라 미국의 동포들이 보낸 애국 후원금을 이승만이 독단적으로 사용한 사실이 밝혀지면서 그를 향한 비판은 더욱 거세졌어요.

새로운 정부 창설을 주장하다 ─────

1923년 임시정부 주요 인사들을 비롯하여 세계 각지에서 활동하는 독립운동 단체의 대표 120여 명이 참여한 국민대표회의가 열렸어요. 임시정부의 조직 개편 방안과 향후 독립운동 방향을 논의하기 위해 개최한 것이었죠. 이때 베이징과 러시아 일대에서 활동하던 독립운동가 대다수는 대한민국임시정부를 해체하고 새로운 정부를 조직해야 한다고 주장했는데요, 새로운 조직을 만든다는 의미에서 이들을 창조파라고 불렀어요. 그리고 이 창조파를 대표하는 독립운동가가 있었으니, 그가 바로 신채호입니다.

신채호는 누구보다 앞장서서 일제에 저항한 언론인이자 역사학자였어요. 1900년대 초 국내에서 발행되었던 《황성신문》과 《대한매일신보》의 기자 및 주필로 활동하며 일제의 이권 침탈을 규탄하는 글을 썼죠. 일제의 식민 역사관에 대항하기 위해 '독사신론'이라는 제목의 역사 논설을 신문에 연재하기도 했어요. 이뿐만 아니라 신채호는 『이순신전』이나 『을지문덕』 같은 우리 역사 속 위인들의 전기소설을 집필하며 국민들이 한국인으로서 자부심을 가질 수 있도록 이끌었답니다.

이 외에도 항일 비밀단체인 신민회에 가입하고 국채보상운동에 참여하는 등 신채호는 다방면에서 활동하며 조국의 자주독립을 위해 힘썼어요. 하지만 결국 신채호는 거세지는 일제의 탄압을 피해 중국으로 망명하기에 이릅니다. 뜻을 함께하는 신민회 동지들과 함께 중국 칭다오로 가 앞으로의 독립운동 방안을 논의했죠. 이후 러시아 연해주, 중국 베이징 등을 오가며 나라의 독립을 위해서라면 발벗고 나섰어요.

그러다 1919년 중국 상하이에 임시정부를 만든다는 소식에 신채호는 임시정부를 만들기 위한 회의인 임시 의정원 회의에 참석하며 임시정부의 틀을 세우는 데 힘을 보탰죠. 하지만 신채호는 얼마 지나지 않아 대한민국임시정부를 떠나고 마는데요, 의정원 회의에서 서구 열강에 위임통치를 부탁한 이승만이 임시정부의 대통령으로 선출됐기 때문이에요. 기록에 따르면 신채호는 이에 크게 분노하며 회의장을 박차고 나갔다고 하죠. 이후 그는 임시정부에 반대하는 노선을 취하며 무장 독립운동 단체를 지원하는 데 힘을 쏟았답니다.

1923년 국민대표회의에서 이승만의 탄핵을 결정하고 새로운 독립운동 방향을 모색한다는 이야기를 들은 신채호는 희망을 품고 회의에 참석했어요. 그리고 외교가 아닌 무장 독립운동에 중점을 둔 새로운 정부를 만들어야 한다고 강력히 주장했죠. 지금의 독립운동 방식과 임시정부의 형태를 그대로 답습하면 큰 변화가 없으리라 생각한 거예요.

임시정부 개조를 제안하다 ————

국민대표회의 당시 신채호를 중심으로 한 창조파에 맞서 임시정부의 틀은 유지하되 실정에 맞게 조직을 개편해야 한다고 주장한 사람들이 있었어요. 이들을 개조파라고 불러요. 중국 만주 및 상하이에서 활동하는 독립운동가가 개조파의 주축이 됐는데, 안창호도 그중 하나였답니다.

1878년 평안남도에서 태어난 안창호는 어린 시절 청일전쟁을 경험했어요. 이 과정에서 국력의 중요성을 깨달은 그는 애국계몽운동과 항일운동에 발을 들이게 됐죠. 스무 살 무렵 서재필, 이상재, 윤치호 등이 조직한 독립협회 회원으로 활동하며 부패한 정부와 관리를 비판하는 연설을 하곤 했답니다. 이후 미국으로 건너간 그는 그곳에서도 독립운동을 멈추지 않았어요. 1905년 미국 샌프란시스코에 항일 단체 공립협회를 설립한 후 《공립신보》라는 신문을 발간하며 사람들에게 자주독립의 중요성을 각인시켰죠.

1905년 을사늑약 체결 소식을 들은 안창호는 이듬해 귀국해 다시금 국내에서 독립운동에 나섰습니다. 1907년 항일 비밀결사단체 신민회를 만들었죠. 안창호는 신채호를 비롯한 여러 독립운동가와 힘을 합쳐 민중 계몽을 위해 전국 곳곳에 학교를 세우고 의병 운동을 지원하는 등 다양한 활동을 펼쳤죠. 그러던 와중 안창호는 안중근 의거의 배후로 지목돼 체포되고 말아요. 이후 출소한 안창호는 한층 심해진 일제의 감시를 피해 신채호와 함께 중국으로 망명했답니다. 이후 러시아를 거쳐 미국으로 건너갔고 요.

1910년 안창호는 독립운동을 목적으로 조직된 대한인국민회를 운영하고, 샌프란시스코에서는 민족 부흥 단체인 흥사단을 조직하는 등 여러 독립운동 단체를 운영하며 미주 한인들을 규합했어요. 그로 인해 안창호는 많은 사람의 존경을 받은 민족 지도자가 됩니다. 그 결과 3·1 운동 이후 만들어진 대한민국임시정부, 한성정부, 대한국민의회 세 정부 모두 안창호를 주요 직책으로 임명합니다. 하지만 그는 직책의 개수나 권위에 연연하는 사람이 아니었어요. 오히려 세 정부를 통합하는 게 독립에 도움이 된다고 주장하며 세 단체를 통합하는 데 힘을 쏟았죠. 이후 통합된 대한민국임시정부의 노동국 총판 자리에 오른 안창호는 연통제와 교통국 설치를 주도하며 임시정부를 꾸려 나갔답니다.

하지만 시간이 갈수록 임시정부 내부의 혼란은 커져만 갔어요. 국정 운영 방향을 두고 구성원들끼리 갈등을 빚는 일이 많아졌죠. 이를 해결하기 위해 안창호는 국민대표회의 개최를 제안합니다. 1923년 회의에 참석한 그는 현재의 정부를 유지하자는 현상 유지파와 새로운 정부를 개설하자는 창조파를 중재하며, 상하이의 임시정부는 유지하되 대대적인 개조를 단행하자는 의견을 내놓았죠.

비록 서로 다른 길을 가더라도 ————

국민대표회의는 장장 63일간 이어졌어요. 그 결과는 어땠냐고요? 안타깝게도 창조파와 개조파는 의견 차를 좁히지 못했습니다. 개조파의 주류였던 만주 지역 대표들은 일제히 사임했고, 창조파는 국호를 '한'으로 하는 새로운 정부를 만든 후 러시아로 떠났죠. 협상이 결렬된 채 회의는 그렇게 막을 내렸답니다. 그 후 대한민국임시정부는 김구와 이시영을 비롯한 현상 유지파를 중심으로 운영됐어요. 이승만은 탄핵됐고, 제2대 대통령으로 독립운동가 박은식이 선출되며 변화를 꾀했죠.

오랜 기간에 걸친 국민대표회의가 실패로 돌아가자 신채호는 크게 실망하고 칩거했습니다. 이때 우리나라의 상고 시대 역사를 서술한 책 『조선상고사』를 편찬했어요. 상고란 문헌을 통하여 알 수 있는 한에서 가장 오래된 옛날로, 우리나라에서는 고조선 때부터 삼한시대까지의 시기를 일컬어요. 신채호는 스러져 가는 조선의 정신을 살려 내기 위해 조선의 고대사를 새로 쓰고 바로잡는 일에 몰두했죠. 이후 무정부주의 독립운동에 관심을 두고 활동하던 그는 1928년 일제에 체포돼 10년 형을 선고받고, 1936년 옥중에서 숨을 거두었어요.

한편 안창호는 국민대표회의 이후에도 임시정부 활동을 포기하지 않았어요. 중국 각지에 흩어진 독립운동 단체를 통합하기 위한 운동을 벌이는가 하면, 새로운 마을을 만들어 독립운동 기지를 짓고자 했죠. 이처럼 여러 독립운동을 계획하고 주도하던 안창호는 일제에 의해 투옥되고 풀려나오기를 반복했는데요, 그 과정에서 건강이 크게 악화돼 1938년 결국 세상을 떠나고 말았답니다.

일제의 이권 침탈이 본격화된 1900년대 초부터 국권을 빼앗기고 억압이 거세진 1930년대까지 신채호와 안창호는 조국의 독립을 위해 최선을 다했어요. 신민회와 대한민국임시정부 등 독립운동사에 한 획을 그은 주요 단체들을 함께 이끌었죠. 비록 임시정부의 운영 방식을 두고 의견은 달랐지만 분명 두 사람은 서로의 사정을 이해했으리라 믿어요. 누구보다 앞장서서 독립운동에 임했기에 각자가 생각한 최선의 방식을 포기하지 못했던 거라고 말이에요.

북트리거 일반 도서

북트리거 청소년 도서

한국사 속 별별 사이
두 인물이 만나자, 역사가 움직였다! 관계로 보는 역사 수업

1판 1쇄 발행일 2025년 4월 15일

지은이 유정호
펴낸이 권준구 | 펴낸곳 (주)지학사
편집장 김지영 | 편집 공승현 명준성 원동민
책임편집 공승현 | 교정교열 김정아
표지 디자인 채홍디자인 | 본문 디자인 이혜리 | 일러스트 신나라
마케팅 송성만 손정빈 윤술옥 이채영 | 제작 김현정 이진형 강석준 오지형
등록 2017년 2월 9일(제2017-000034호) | 주소 서울시 마포구 신촌로6길 5
전화 02.330.5265 | 팩스 02.3141.4488 | 이메일 booktrigger@naver.com
홈페이지 www.jihak.co.kr/book-trigger | 포스트 post.naver.com/booktrigger
페이스북 www.facebook.com/booktrigger | 인스타그램 @booktrigger

ISBN 979-11-93378-40-3 43910

북트리거

트리거(trigger)는 '방아쇠, 계기, 유인, 자극'을 뜻합니다.
북트리거는 나와 사물, 이웃과 세상을 바라보는 시선에 신선한 자극을 주는 책을 펴냅니다.